創業과 守城

創業과 守城
業과 城
창업과 수성

초판 1쇄 발행일 2014년 4월 17일
초판 2쇄 발행일 2017년 1월 1일

지은이 심윤태
펴낸이 양옥매
디자인 신지현

펴낸곳 도서출판 책과나무
출판등록 제2012-000376
주소 서울특별시 마포구 월드컵북로 44길 37 천지빌딩 3층
대표전화 02.372.1537 **팩스** 02.372.1538
이메일 booknamu2007@naver.com
홈페이지 www.booknamu.com
ISBN 979-11-85609-22-5(03320)

이 도서의 국립중앙도서관 출판시도서목록(CIP)은 서지정보유통지원 시스템
홈페이지(http://seoji.nl.go.kr)와 국가자료공동목록시스템
(http://www.nl.go.kr/kolisnet)에서 이용하실 수 있습니다.
(CIP제어번호 : CIP2014010338)

변화 그리고 도전

창업과 수성

創業과 守城

심윤태 지음

책과나무

PART 2_선택과 집중

PART 3_변화와 개혁

PART 4_인재와 경영

PART 5_창업과 수성

평생을 살아가면서
누구에게나 세 번의 기회가 온다고 한다

성공을 위해서는
항상 기회를 맞을 준비를 하고
기회가 왔을 때 기회를 알아야 하고
그 기회를 확실히 잡아야 성공할 수 있다

준비

1979년 3월, 나는 군대를 마치고 사회에 첫발을 내딛었다. 당시 국내 사정은 정치적으로 불안하여 유신정권 반대와 민주화 운동이 한창이었고, 국제적으로는 중동의 제2차 오일쇼크 속에서 경기는 얼음장처럼 차가웠다. 더구나, 율산그룹, 제세산업 등 신흥 그룹들이 줄줄이 도산을 하면서 취업의 문턱은 하늘 모르게 높아만 갔다.

당시 부모님께서는 내가 안정된 직업인 교사가 되기를 권하셨으나, 나는 기업에 취직하여 사업에 대한 경험을 해 보기로 했다. 그 당시에는 대기업들이 동시에 그룹 공채를 하고 있어서 한 곳을 지원하면 다른 곳은 지원하기가 어려웠다. 그때 나는 삼성그룹을 지원했는데 입사에 실패했고, 몇 달 동안은 실패에 대한 고통과 진로에 대한 고민으로 방황하기도 했다.

1980년 1월, 나는 일본 산요그룹의 해외 공장으로 마산 수출 지역에 있는 한국동경전자에 입사했다. 그리고 첫 직장인 그곳의 철저한 공장 생활은 나의 인생관과 직업관을 형성하는데 큰 영향을 주었다. 동경전자에서 배우고 익힌 사고력과 생활습관은 나중에 경력 사원으로 입사한 삼성전자에서의 경험과 더불어 분사 후에 회사를 성공시키는 원동력이자 인생의 전환점이 되었다.

내가 동경전자에서 배운 가장 중요한 것은 '품질 경영'이다. 그리고 품질 경영의 기본이 되는 '일에 대한 철저한 기획, 실천과 확인(Plan-do-see)'과 나의 좌우명이자 인생에 가장 중요한 키 워드인 '수기치인(修己治人)'에 대한 마인드다.

먼저 나를 닦고 남을 다스려라!

이것은 모든 인과응보(因果應報)는 나로부터 시작되며, 나를 안다는 것이 무엇보다도 어렵고 중요하다는 것을 뜻한다. 나는 지금도 회사 생활에서 얻은 귀중한 좌우명인 '수기치인(修己治人)'을 초심으로 지키고자 부단히 노력하고 있다.

선택과 실천

1998년 10월, 나는 16년간 다니고 있던 삼성전자를 그만 두고 사업을 하기로 결심했다. 당시 나는 삼성전자 상품기획센터 기획부장으로 IMF 경제 위기 극복을 위한 조직의 구조조정과 명예퇴직에 관련된 인사 업무를 일부 담당하고 있었다.

당시 센터조직 가운데 타임머신팀이 있었다. 이 팀은 전사에서 톡톡 튀는 생각을 가진 사원들을 뽑아 미래 상품에 대한 아이디어를 제안하고 상품을 선행 기획하는 팀이었다. 여기서 기획한 '디지털 레코딩'이라는 제품을 센터에서는 '보이스펜 사업팀'으로 만들어 관련 사업부에 이관하기 전에 인큐베이팅을 하고 있었다.

그러나 구조조정의 회오리 바람 속에서 '보이스펜 사업팀'은 구조조정 대상 제품이었고, 회사는 '보이스펜 사업팀'을 모두 퇴직시켜 분사를 시키도록 결정하였다. 당시 담당 사업팀장은 분사에 대한 확신이 없었는지 분사를 고사하였고, 다른 누군가가 이 '보이스펜 사업'을 맡아 분사를 추진할 수밖에 없는 상황이었다.

그 당시 나는 연말 임원 승진을 눈앞에 두고 있었고, 그때가 어쩌면 내 인생에서 가장 중요한 선택의 시기였다. 나는 이 팀을 이끌고 분사하는 것을 숙명이라 느꼈고, 나에게 주어진 인생의 세 번의 기회 중 하나일 것이라는 강한 예감을 받았다.

나는 주위 사람들의 만류에도 불구하고 '보이스펜 사업팀'을 맡아 7명의 팀원과 같이 분사를 하였다. 다행이 회사의 상사, 동료, 부하 직원들의 적극적인 도움으로 분사는 성공했다. 늦은 감이 있지만, 그 때 분사에 도움을 준 직장의 선후배와 동료들에게 지면을 통해 진심으로 다시 한 번 감사의 마음을 전한다.

회사 창립 후, 사업은 굉장히 순조롭게 커갔다. 매출은 초기 몇 개월간 매달 두 배의 성장을 거듭했고, 순이익도 매출의 30%를 웃돌았다. 그러나 회사가 커질수록 자금회전에 따른 운영자금 부족으로 더욱 어려움을 겪었다.

그것은 '안정'과 '성장'이라는 두 마리 토끼를 쫓는 나 자신의 한계이자 중소기업의 한계였다. 나는 초창기 자금의 압박감 속에서 CEO로서의 권한보다도 책임과 의무가 얼마나 무거운지 절실히 느끼게 배우게 되었다. 그래서 나는 코스닥 시장에 진출하기로 결심하였다. 그리고 창립 일년을 겨우 넘긴 새내기 회사가 그 당시로는 무리로 보였던 코스닥 등록심사를 통과하게 되었다.

기다림과 희망

나는 코스닥 등록을 통해 창업에 성공하였다. 운칠기삼(運七技三)이라고 했던가? 큰 테두리 속에서 보면 나는 정말 운이 좋았다. 그러나 코스닥 등록은 인생의 끝이 아니었다. 성공은 자만으로 이어지고,

곧바로 패망의 나락으로 떨어질 수 있다. 코스닥 등록 후 나도 한때 자만에 빠진 적이 있었다. 무엇을 해도 성공할 자신이 있었다. 나도 모르는 사이에 자만에 빠진 것이다.

성공의 끝마무리는 성공을 지키는 것이다. 나는 사업을 한 박자 쉬기로 했다. 지나온 길을 뒤돌아 보며 반성의 시간과 여유를 갖기로 한 것이다. 그리고 내일을 위해 또 다른 준비를 하고자 했다.

누구에게나 세 번의 기회가 온다고 한다. 그런데 대다수의 사람들은 평생 동안 자신에게 찾아온 세 번의 기회 중 단 한 번의 기회조차 알지 못하거나, 기회가 지나가고 나서야 깨닫는다고 한다. 나는 지금도 큰 결정을 내려야 할 경우에 이것이 나에게 찾아온 세 번의 기회 중 하나가 아닐까 생각하고 또 생각한다. 그것은 아직도 나에게 남아 있을지도 모르는 또 다른 기회에 대한 기다림이자 희망이다.

나는 이 책에서 경영에 대한 새로운 이론을 말하려는 것이 아니다. 다만, 지금도 역사는 반복된다는 사실과 미래는 현재의 연속일 뿐만 아니라 과거의 연장이라는 단순한 사실을 알리고 싶을 뿐이다.

나는 첨단 기술력이나 창조적 경영으로 이 자리에 있는 것이 아니다. 단지 진리는 보통 사람들의 평범한 삶 속에 있다는 것을 남보다 조금 일찍 깨닫고 믿었기 때문이다.

끝으로 작은 바람이 있다면, 이 책이 회사를 창업하려는 많은 젊은 이들에게 조금이라도 참고가 되었으면 한다. 그리고 무엇보다도 사랑하는 내 가족들이 공감하고 오랫동안 그들의 기억 속에 남았으면 좋겠다.

2014년 4월 17일

甲午 松柏

PART 1

전략적 사고

성공은 준비된 자의 몫이다

사업 방향은 업(業)의 개념으로부터

남보다 한 발만 앞서 걸어라

성공은 준비된 자의 몫이다

항상 깨어 있어라

시간 관리와 정리 정돈의 습관화
그리고 기회에 대한 준비

"항상 기도하며 깨어 있어라"

신약성경 누가복음 21장 20~38절에 나오는 말씀이다. '집 떠난 주인이 언제 돌아올지 모르니 문지기는 항상 깨어 있어야 한다.'는 뜻으로 이는 예수님의 재림과 종말에 대한 성경의 경고 메시지라고 한다.

그러나 나는 이 성경 구절을 통해 '누구든지 인생의 목표를 달성하기 위해서는 항상 준비하고 기다리라'는 다른 방향에서 이 구절을 해석하고자 한다.

1980년 1월, 나는 마산 수출지역 내에 있는 일본 산요전기의 해외공장인 동경전자에서 사회의 첫 걸음을 시작했다. 1970년대 당시에는 우리나라 산업화의 꽃은 단연 2차 산업인 전자 · 기계산업이었다. 그리고 국내 기업들은 선진 공업국인 일본을 따라 배우기에 급급했던 시절이었다.

동경전자 입사는 곧 내 인생에 큰 전환기가 되었다. 당시 동경전자는 공장 내에 인사 · 관리부서부터 구매 · 자재 · 개발 · 생산기술 · 품질관리 등 전 부서의 현장이 함께 있어 사무실과 현장이 하나로 움직이는 전형적인 현장 중심의 공장이었다. 전 임직원은 현장과 동일하게 철저한 시간 통제와 매뉴얼화된 규칙적인 생활을 하고 있었다.

매일 아침 8시 30분에 출근과 동시에 입구에 비치된 출근시간 기록계에 각자가 펀칭을 하면 총무과에서 시간을 확인하여 철저히 출석을 체크하였다. 오후 5시 30분 퇴근시간도 마찬가지로 각자가 퇴근시간 기록계에 펀칭을 하면 총무과에서 시간을 확인한 후, 각 개인별로 8시간의 정상근무와 초과시간을 잔업시간으로 나누어 시간 외 수당에 대해서는 정상근무 시간의 1.5배에 해당하는 임금을 계산하여 정확하게 지급하였다.

따라서 각 부서의 부서장은 부서별로 집계되는 인건비에 부담이 되는 잔업 수당을 줄이기 위해서 퇴근 10분 전부터 사원들에게 퇴근 준비를 철저히 독려했던 기억이 난다.

사원들은 부서장의 엄한 지시에 따라 퇴근 10분전에 책상 위의 서류는 물론 책상 속의 소모품까지도 철저히 제자리에 정리 정돈해 놓고 퇴근해야만 했다. 그런데 그때의 정리 정돈은 단순한 정리 차원과 다른 것으로, 지금 생각해 봐도 대단히 합리적이었다.

예를 들어 책상 서랍 정리에 있어서 손동작의 최단거리를 감안하여 왼쪽 서랍과 오른쪽 서랍에 두는 사무용품의 용도까지 확인하였다. 다시 말해 동작의 동선상 접근성을 따져 자주 쓰는 물건은 오른쪽 서랍에 넣어야 된다는 것 등을 말한다. 그것은 시간과 공간을 통한 작업의 최적화를 의미하였다.

이러한 사고는 원래 그 당시 공장의 라인 작업자들에게 작업 활동을 효율적으로 지도하기 위해 만든 'PAC(Performance Active Course)'이라고 부르던 운동에서 나온 것으로, 이는 사무 업무에도 여러 방면으로 적용되고 있었다. 아무튼 그것은 규칙적인 시간과 정리 정돈이 습관화된 군대 생활보다 어쩌면 더 엄격한 통제였다.

1982년 6월, 나는 동경전자를 떠나 삼성전자에 경력사원으로 입사해 수원 공장에서 근무를 시작했다. 그런데 당시 국내 최고를 자랑하는 삼성전자의 급여 시스템을 보고 깜짝 놀랐다. 당시 삼성전자의 급여는 총액이 크게 기본급과 시간 외 수당으로 나누어져 있었는데, 시간 외 수당은 누구에게나 총 급여의 20%를 배분하여 실제 근무시간과 관계없이 고정으로 정해져 있었다.

그렇기 때문에 사원들의 출퇴근시간과 관계없이 급여는 정해져 있으며, 퇴근시간만 되면 언제 퇴근할까 상사의 눈치만 보고 있었다. 사원들은 퇴근시간이 지나도 상사 때문에 전전긍긍하면서 퇴근을 미루는가 하면 저녁을 먹고 나서 바로 업무를 하는 것이 아니라 운동장에서 족구를 하면서 일부러 퇴근시간을 늦추는 일이 만연했다. 그것은 상사에게 늦게 퇴근한다는 것을 보이기 위한 것으로, 당시 나로서는 이해하기 어려운 일들이었다.

지금 생각해 보면, 그 당시의 국내 기업들이 외국 기업과 다르게 조직 관리와 운영에 얼마나 경직되어 있었고 나태해 있었는지를 알 수 있는 좋은 사례였다.

동경전자에서의 합리적 사고와 반복적이고 숙련된 행동들은 나에게 직장 생활에서 '시간 관리'와 '정리 정돈'이라는 두 가지 습관을 기르는 중요한 계기가 되었다.

특히, 정리 정돈은 합리적이고 효율적인 자료 정리 습관으로 굳어져 나에게 언제 어디서나 기회가 왔을 때에 새로운 환경에 적응하는 자신감을 갖는 원동력이 되었을 뿐만 아니라 지금도 나의 모든 생활 속에서 시간적 효율성을 일깨워 주고 있으며 중요한 일을 시작할 때와 업무에 대한 의사결정을 하는데 큰 영향을 미치고 있다.

오늘은 오늘, 내일은 내일

기록으로 남기자
일기를 통한 자기통제

"오늘 할 일을 내일로 미루지 말자."
"내일 비록 지구의 종말이 오더라도 오늘 나는 한 그루의 사과나무를 심겠다."

초등학교 시절에 학급 목표에 자주 나오는 평범한 표어거나 학창시절에 자주 듣던 말이다. 우리는 왜 어려서부터 귀에 딱지가 앉도록 들어온 일상생활 안에 숨어 있는 평범한 이야기 속에서 결코 평범하지 않은 진리를 발견하지 못하는 것일까? 반복되는 역사 속에서 어제의 실수가 오늘 다시 일어나는 것을 뻔히 보면서도 우리는 왜 내일에 대해서는 같은 내용에 기대를 거는 것일까?

오늘은 그저 오늘뿐이고
내일은 오늘의 연속일 뿐이다.

나는 오늘을 열심히 사는 것이 내일 역시 열심히 사는 것이라는 원초적인 진리를 깨닫는데 30여 년의 세월이 걸렸다.

1983년도 삼성그룹에 '개인별 사업부제'라는 생소한 이름의 제도가 하나 생겼다. 우리는 모두 그것을 줄여서 '개사제'라고 불렀는데, 그 내용은 전 사원이 매일 업무일기를 쓴다는 것이다.

그것도 시간대별로 무슨 일을 했는지를 '개사제' 노트에 적어서 퇴근시간에 과장에게 제출하면, 과장은 그 내용을 읽고 자신의 코멘트를 붙여 다시 부하사원에게 돌려 준다. 물론 과장도 자신의 '개사제' 노트를 부장에게 올리고 부장은 이사에게 올려 결재를 맡는 제도이다. 그런데 이 제도는 몇 년인가 지속하다가 소리 소문도 없이 슬그머니 없어지고 말았다.

개인별 사업부제는 왜 없어졌을까? 나는 개인적으로 '개사제'에 대해 상당한 호감을 가졌다. 일본 산요전기에 근무했을 때부터 시간과 기록에 대해 상당한 호감이 있던 나는 오히려 다른 동료들과 달리 개인별 사업부제를 거부감 없이 받아들이는 입장이었다. 나는 하루를 마치고 지난 일에 대한 점을 반성한다는 것이 개인의 발전을 위해 대단히 중요한 일이라고 생각했기 때문이다.

그런데 왜 삼성에서 이 제도는 실패했을까? 다시 한 번 그 당시의 위치에 서서 실패 원인을 분석해 보면, 가장 중요한 문제는 대다수의 사원이 상사의 지시로 억지로 일지를 쓰고 있다는 사실이다.

모두들 개인별 사업부제를 상사가 나를 감시하는 도구로 생각했다. 기록이 개인의 생활에 도움이 되는 것이 아니라 짐이 된다고 느꼈기 때문일 것이다. 본인 스스로 원하지 않는 기록…… 그것은 실패할 수밖에 없었다.

나는 지금도 매일 일기를 쓴다. 내가 쓰는 일기는 보통 사람들이 쓰는 일기와는 내용이 다르다. 그 안에는 과거 '개인별 사업부제'와 같은 무미건조한 하루의 시간별 일 내용만 적혀 있다.

나는 일기가 다만 기억을 더듬는 지팡이일 뿐이라고 생각하기 때문에 하루 일과에 대한 느낌을 따로 적지 않는다. 느낌은 감정 표현을 통해 또 다른 형태의 글로 남기 때문이다. 그래서 때때로 새로운 느낌이 떠오를 때면 내 감정을 실은 영감을 시적인 형태의 글로 남기기도 한다.

그러나 오늘 하루를 정리하고 내일을 대비하는 모든 과정은 일기를 통해서 기록한다. 나는 이것을 회사 생활을 시작한 이래 지금까지 계속해 오고 있다.

일찍 일어난 새가 먹이를 잡는다

아침형 인간이 되자

아침에 일찍 일어난다는 것은 생체 리듬에 관한 일이다. 사람에 따라 아침형 인간이 있는가 하면 야간형 인간도 있다. 그것은 누가 강요해서 되는 것은 아니다. 본인의 성격이나 직업에 따라 밤에 주로 일을 할 수밖에 없을 수도 있다.

글을 쓰는 사람들은 모두가 잠든 조용한 밤에 작업을 하는 것이 일의 성격상에도 맞는 것 같다. 다만 내가 이야기하고자 하는 아침형 인간은 평범한 사람들의 일상을 말한다.

아침에 일어나 시간에 맞추어 일을 하고 저녁에는 퇴근하는 보통의 사람들에게 아침 시간은 대단히 중요한 의미를 가진다. 나는 보통 아침 5시 30분을 전후하여 일어나 6시 30분에 집을 나선다. 약 한 시간 정도 아침 운동을 한 후 8시에 출근하여, 공식적인 9시 30분 출근시간 전까지 한 시간 반 동안 어제 일을 정리하고 오늘 일을 계획하는 중요한 업무를 한다. 그리고 하루를 어떻게 보내는가 하는 것이 이 시간에 결정된다.

1990년대 초에 삼성그룹에서 근무시간을 '7-4제'로 한 적이 있었다. '7-4제'는 사원들이 아침 7시에 출근해서 오후 4시에 퇴근하여 오후 여가시간을 자기계발에 활용하자는 것을 주요 골자로 하지만, 실제로 그 여파는 큰 반향을 일으켰다.

당시 대부분의 회사 근무시간은 '9-6'제나 '8-5'제였는데, 그 역시 자기계발의 시간이 없는 것은 아니었다. '7-4제'는 단순한 근무시간 구간의 문제가 아니라 8시간 근무라는 근무강도에 대한 문제였다. 어차피 근무시간이 끝나도 상사의 눈치를 보며 퇴근을 못하는 현실 속에서 근무 강도가 해이해질 수밖에 없었는데, 이러한 행태가 '7-4제'로 인하여 하루아침에 없어지는 순간이었다.

문득, 1980년도 어느 해였던가 모 신문기사에 전 대우그룹의 CEO가 인터뷰했던 내용이 기억이 난다.

"대우인이여! 우리도 하루 세 시간 이상 일하자."

당시 일 벌레로 알려졌던 대우그룹 최고경영자의 이러한 충격적인 발언 속에서 사실 당시 국내 기업들에 만연한 공통된 대기업 병을 읽을 수 있다.

의욕적으로 시작된 삼성그룹의 '7-4제' 역시 실제적으로 실패했다. 그것은 사회제도와 맞물린 시간형 근무제도가 삼성그룹만 바꾼다고 해서 되는 게 아니기 때문이었다. 은행도 관공서도 모두 '9-6제' 근무를 하고 있는데 삼성만 '7-4'제를 하고 있는 데에서 오는 문제점을 철저히 파악하지 못했기 때문에 혼란이 온 것이다.

그러나 나는 '7-4제'가 실패가 아니라 내용상으로 크게 성공한 제도라고 본다. '7-4제'는 '하루 8시간 근무'라는 명확한 근무 지침을 주었다. 그것은 근무 강도를 올려 근무시간 내 업무 처리가 능력과 관계되는 평가에도 큰 영향을 미쳤다. 그 후 삼성에서 '7-4제'는 플렉시블(Flexible · 유연한) 타임제라는 조직에 맞는 형태로 근무시간을 바꾸어 최근까지 진행해 오다가, 요즈음 들어 다시 옛날로 돌아갔다는 이야기가 들려 안타깝기만 하다.

목표는 나를 이끄는 인생의 등불

올바른 인생관과 바람직한 직업관
목표 설정의 필요성과 방법

인생을 살아가면서 누구나 한 번쯤은 자신에게 왜 사는지를 되물어볼 때가 있다. 바쁘다는 핑계로 또는 생각 자체가 귀찮아서 모른 척하던 사람이 나이가 들고 살아온 길을 돌아볼 때면 더욱더 허무를 느끼게 된다. 나는 회사 면접시험에 들어가게 되면 응시자에게 두 가지를 꼭 물어보곤 한다.

당신의 인생관이 무엇입니까?
직업관은 무엇입니까?

그런데 놀라운 것은 대부분의 젊은 면접생들이 인생관과 직업관에 대해 깊은 생각 없이 살고 있다는 것이다. 마치 부모님의 뜻에 따라 좋은 학교에 들어가 좋은 환경 속에서 공부하다가 사회에 나와서 남들처럼 취직하고 결혼하며 살아간다. 아무 생각 없이 생산공장에서 앞서 가는 제품의 뒤만 쳐다보고 따라가는 로봇과도 같다.

주어진 시간 속 세상을 살아가면서 남보다 좀 더 나은 삶을 영위하려면 남보다 한 발짝 앞서 가려면 우리는 목표를 갖고 있다는 것이 얼마나 중요한 일인가를 먼저 알아야만 한다. 그러나 목표를 아무렇게나 생각나는 대로 세운다면 그 또한 목표가 없는 것과 별반 다를 바 없다.

나는 종종 스스로 목표에 대해 되물어 본다. 인생의 목표는 무엇이고, 사업의 목표는 무엇인가?

나는 가끔 다른 사람들과 이야기를 하다가 방향타를 잃을 때가 있다. 보통 어떤 주제를 가지고 이야기를 하다 보면 사례를 들게 되고, 사례를 들다 보면 어느새 그 사례에 빠져 사례가 이야기의 중심에 서 있는 것을 느끼게 된다. 심지어 내가 무엇을 이야기하다가 이 이야기를 하는지조차 몰라서 듣고 있는 사람에게 왜 내가 이 이야기를 하는지 거꾸로 물어보는 경우도 있다.

혹자는 치매 초기 증상이라고도 하지만 결코 그런 것은 아니다. 이야기의 전개에 있어 주제의 방향성을 잡지 못했기 때문이다. 한마디로 나무의 본 줄기를 모르고 곁가지에 너무 치중해 있었기 때문이다. 너무 사실 관계에 치우친 나머지 숲을 보지 못하고 나무만 보는 경우가 그것이다.

목표도 다를 바 없다. 처음에 목표를 세우고, 그 초심을 잃지 않고 끝까지 가기가 그리 쉽지 않다. 물론 목표를 세우고 달성이 눈앞에 오면 또 다른 더 높은 목표를 세울 수는 있다. 그러나 나는 사업을 하면서 수시로 공익을 해치면서까지 목표를 바꾸고 욕심을 부리는 사람들을 주위에서 많이 본다.

수 년 전에 한참 유행했던 스티븐 코비 박사의 〈성공하기 위한 7가지 생활 습관〉은 목표를 정하는데 크게 도움이 되는 서적으로, 목표 설정에 앞서 한 번쯤 읽기를 권하고 싶다.

성공하기 위한 7가지 습관

스티븐 코비 박사

- 1단계 : **주도적이 되라.**

  자신의 인생은 자신이 책임을 져야 한다.

- 2단계 : **마지막을 생각하고 시작하라.**

  자신의 장례식을 머리에 그려 보라.

- 3단계 : **중요한 일을 먼저 하라.**

  중요도와 급한 정도에 따라 일을 분류한다.

- 4단계 : **상호 이익을 추구하라.**

  서로에게 이익이 되는 방법을 생각한다.

- 5단계 : **먼저 상대를 이해하고 그 다음 이해시키라.**

  평가나 판단에 앞서 상대를 이해하려 노력한다.

- 6단계 : **시너지를 활용하라.**

  전체 = 부분의 합 + α

- 7단계 : **심신을 단련하라.**

  자신이 항상 최선의 상태에 있도록 노력한다.

사업 방향은 업(業)의 개념으로부터

'How to do'보다 'What to do'

무엇을 할 것인가를 정하는 것이 우선이다

모름지기 경영자는 팔방미인이 되어야 한다. 어느 한 분야만 뛰어나서는 경영자가 될 수 없다. 깊고 넓은 해박한 지식을 갖고 있으면 좋겠지만 만일 그렇지 못하다면 다방면에 걸쳐 조금씩이라도 알아야 한다. 특히 사업의 방향을 올바르게 잡는 것은 오로지 경영자의 몫이다.

내가 사업의 기본 목표를 정하는데 가장 영향을 받은 것은 삼성의 '신(新)경영'이었다. 사실 삼성 新경영은 그룹 내에서 '업(業)의 개념'이라는 새로운 개념이 정립되면서 바람이 불었다.

당시 '업의 개념'이란 단순히 상업적인 차원에서 회사가 세무서에 사업자 등록을 할 때에 사업의 성격을 나타내는 업종과 업태 정도로 막연한 개념이었다. '업의 개념'에 대한 새로운 정의는 당시 그룹에서는 새로운 발상이었다. 삼성이 추구한 '업의 개념'은 회사의 전략과 맞물려 향후 얼마든지 변할 수 있는 가변성을 가진 것이었다.

新경영 선포 후 삼성 회장이 그룹의 부장급 이상 간부들을 수차례로 나누어 신라호텔에 불러 모아 新경영을 직접 강의한 적이 있었다. 그리고 신라호텔의 '업의 개념'에 대해 예를 들어 설명하였다.

호텔은 초기에 투자도 많이 해야 하고 실익은 적기 때문에 처음에 신라호텔을 시작할 때에는 부동산 투자에 중점을 두었다. 특히, 제주도에 신라호텔을 건설할 당시에는 철저히 부동산 가치 상승을 고려한 투자였다고 회고했다. 그러나 시대가 변하고 주위가 정리되면서 호텔이 안정되자 호텔은 본연의 업인 서비스업에 충실해야 한다고 강조하면서 각 회사의 '업의 개념', 각 부서의 '업의 개념'을 시대 변화에 맞추어 정리하라고 지시했다.

그 후, 각 사는 '업의 개념'을 정리하는데 정신이 없었다. 그 결과 삼성그룹은 각 사별로 사업의 개념을 재정리하였고, 조직을 합리적으로 정비하여 업무를 개선하는데 큰 효과를 보았다.

우리는 흔히들 "무엇을 할 것인가? 어떻게 할 것인가?" 하는 평범한 질문을 많이 한다.

"How to do"와 "What to do"

둘 다 사업을 성공으로 이끄는 키워드임에는 틀림없다. 그러나 개념으로 본다면 'How to do'보다는 'What to do'다. 첫 단추를 잘못 끼우면 단추를 끼울수록 더 어려움에 빠지는 이치와 같다.

사업에 성공하려면 '업의 개념'을 명확히 하라.

나는 삼성이 추구한 새로운 개념의 '업의 개념'이 처음 사업을 하고자 하는 사람이나 기존 사업을 더욱 확장하고자 하는 많은 사람들에게 한 번쯤은 자신의 사업이 올바른 방향으로 나가고 있는가를 생각해 볼 수 있는 계기가 되었으면 좋겠다.

業의 개념

업종과 업태

· 업종 : 제조업, 판매업, 서비스업 등
· 업태 : 전기.전자, 자동차, 도매, 소매, 숙박 등

업의 개념은 시대의 흐름과 환경에 따라 변화

구분	1970년대	2000년대
업의 개념	부동산업	서비스업

호텔업의 예

업의 개념 사례

· 호텔업의 개념 : 서비스업
· 반도체업의 개념 : 타이밍업

시대 정신에 맞는 일을 찾아라

환경에 따라 변화하는 사업
시대가 요구하는 사업 아이템

요즘 급격한 기술의 변화는 정말 하루가 다르게 발전하고 있다는 느낌이다. 흔히들 과거 천 년의 변화보다도 근래 백 년의 기술 변화가 더 크다고 한다. 그리고 근래 백 년간의 기술 발전보다 최근 십 년간의 발전이 더 크다는 이야기도 있다.

반도체 업계에는 '황의 법칙'이 있다. 이는 반도체 메모리의 용량이 일 년마다 두 배씩 증가한다는 이론이다. 1960년대 반도체 시대가 시작되면서 인텔의 공동설립자인 고든 무어가 마이크로칩에 저장할 수 있는 데이터 용량이 일 년 반마다 두 배씩 증가하며 PC가 이를 주도한다는 이론을 제시하였는데, 이를 '무어의 법칙'이라고 한다. 실제로 인텔의 반도체는 이러한 법칙에 따라 용량이 향상되었다.

그러나 2002년 국제 반도체회로 학술회의(International Solid Sate Circuits Conference ; ISSCC)에서 삼성전자 반도체 총괄 황창규 사장이 '메모리 신성장론'을 발표하였는데, 그 내용은 반도체의 집적도가 두 배로 증가하는 시간이 1년으로 단축되어 '무어의 법칙'을 뛰어넘고 있다는 것이었다. 그리고 이를 주도하는 것은 PC가 아닌 모바일 기기와 디지털 가전제품 등 non-PC분야라고 지칭하였다. 이 규칙을 황창규 사장의 성을 따서 '황의 법칙'이라고 한 것이다.

실제로 삼성전자는 1999년에 256M 낸드 플래시 메모리를 개발하였고, 2000년 512M, 2001년 1Gb, 2002년 2Gb, 2003년 4Gb, 2004년 8Gb, 2005년 16Gb 등 제품을 지속적으로 개발하여 그 이론을 실증하였다.

이처럼 하루가 다르게 바뀌는 기술 발전의 속도와 환경 속에서 이제 사업은 단일화된 사업이 아니라 복합화되어 가고 있다. 몇 년 전 우리 정부는 미래 6대 핵심 기술에 대해 발표한 적이 있었다. 그리고 국가적 차원에서 6개 분야에 대해 전폭적인 지원을 예고했다.

이제는 변화에 적응하는 사업만이 살 수 있다. 만일 변화에 적응할 수 없다면 차라리 빨리 사업을 포기하라. 사업에서 철수 전략도 가장 중요한 전략 가운데 하나인데, 대다수의 경영자들이 미련 때문에 철수 전략을 소홀히 하다가 폐가망신 당하는 경우를 종종 본다.

우리는 흔히 '36계 줄행랑'이라는 표현을 많이 사용한다. 이 말의 근원은 중국의 손자병법 중에 마지막 병법인 '제36계'인데, 이 병법의 요지는 전쟁에서 때로는 전략상 후퇴도 필요하며 최후에 안 될 때는 도망을 가는 것이 최선이라는 뜻이다. 사업도 마찬가지이다. 우리에게는 시대에 맞지 않는 사업을 과감히 정리하는 결단이 필요하다.

시대에 부응하는 사업

이것은 동물의 세계에서 진화를 통해 자연에 적응하는 생물만이 살아남는다는 것과 같은 아주 단순한 자연의 진리일 뿐이다.

남보다 한 발만 앞서 걸어라

더 좋은 것보다는 맨 처음이 낫다

남이 가지 않은 길을 간다

1969년에는 인류 역사의 한 획을 그은 엄청난 사건인 인류 최초의 달 착륙이 있었다. 이 사건은 미국의 아폴로 우주선의 닐 암스트롱을 포함한 세 명의 우주비행사를 전 세계적인 영웅으로 만든 20세기 최대의 이벤트로, 전 세계인이 밤을 새며 TV중계를 지켜보았다.

최초로 달표면에 발을 내디딘 닐 암스트롱이 한 다음과 같은 말을 우리는 생생히 기억할 것이다.

> "이 한 걸음은 한 인간에게는 작은 발걸음일 뿐이나,
> 인류에게는 거대한 도약이다."

그런데 우리는 두 번째로 달에 착륙한 우주선이나 조종사를 기억하는가? 아마도 대다수의 사람들이 기억도 못할 뿐 아니라 관심조차도 없을 것이다.

사업은 최초로 뛰어들 수 있는 영역을 만드는 것이 가장 중요하다. 우리는 최초의 컴퓨터(IBM), 최초의 레이저프린터(HP), 최초의 일반 종이 복사기(XEROX), 최초의 사륜구동형 자동차(지프), 코카콜라, 스카치 테이프, 크리넥스, 대일밴드, 풍풍 등 최초의 제품이 그 제품군을 대표하는 것을 많이 볼 수 있다.

최초의 브랜드는 대개 동일 제품의 대명사화 되어 고객의 기억 속에 맨 처음 자리매김하게 된다. 그리고 이 인식을 바꾸는 데 엄청난 대가를 치르는 것을 우리는 많은 제품에서 느낄 수 있다.

한 예를 보면, 과거 삼성그룹이 조미료 시장에 진출하여 '미풍'이라는 브랜드로 '미원'과 경쟁하던 시절에 '미원'이 조미료의 대명사로 인식된 소비자들 때문에 고전을 면치 못하다가 결국은 '다시다'라는 새로운 콘셉트의 복합 조미료로 승부를 걸어 성공한 사례를 익히 알고 있다.

그런가 하면 너무 시대를 앞서 가다가 오히려 소비자의 관심 밖에 벗어나 고전을 면치 못해 회사가 도산한 사례도 얼마든지 있다. 예를 들어 새롬기술의 다이얼패드는 통신과 PC의 접속기술의 초기단계에서 앞서 나가다가 실패하는 대표적인 사례이다.

사업은 소비자와 같이 호흡하는 공기와 같다.

공기 속의 수많은 원소 중에 산소가 생명 유지에 가장 필요한 원소

이듯 사업은 소비자의 생각을 끊임없이 읽고 그들이 요구하는 사항을 새로운 아이디어로 창출해야 한다. 그리고 그것이 생활 속에 반영되어야 한다.

그런 측면에서 보면 〈마케팅 불변 법칙〉중 제1법칙인 '선도자의 법칙'은 마케팅뿐만 아니라 사업을 하는데 있어서 가장 중요한 법칙 중의 하나다. 〈마케팅 불변의 법칙〉은 사업을 하려고 하거나 경영을 하고 있는 CEO라면 꼭 읽어 보아야 하는 경영 서적으로 꼭 추천하고 싶다.

생각은 오래하고, 행동은 신속하게

기획의 중요성은
아무리 강조해도 지나침이 없다

나는 업무의 프로세스에서 가장 중요한 것이 기획 단계라고 생각한
다. 옷을 입는데 첫 단추를 잘못 끼웠을 때는 재빨리 풀어서 다시 끼
워 나가는 것이 중요하다. 그런데 잘못 끼운 것을 알고도 그동안 끼
운 단추가 아깝다고 자꾸 끼워 나가면 어떻게 될까?

1986년 말, 삼성그룹의 이병철 선대 회장이 타계하고 이건희 회장이
그룹회장으로 취임하였다. 삼성그룹의 연구 개발 부문에는 많은 변
화가 일어나기 시작했다.

나는 당시 수원에 있는 종합연구소 기술관리과장으로 근무하고 있었
다. 그리고 그룹 방침에 따라 연구원의 기술 개발을 향상시키기 위해
서 당시로는 최첨단 컴퓨터 장비인 CAD/CAM장비를 도입하여 운영
하게 되었다.

모든 연구원은 입사와 동시에 CAD교육을 받아야 했고, 설계는 당

연히 CAD를 사용해서 3D작업을 해야만 했다. 그런데 하루는 전사가 발칵 뒤집히는 사건이 일어났다. 연구개발 부문을 시찰하던 중 CAD/CAM 운영에 대한 회장의 질타가 있었다는 것이다.

원인은 의외로 단순했지만 그에 비해 결과는 너무나 큰 실수를 했다. 한마디로 최첨단이라고 자랑하는 CAD/CAM장비는 삼성만의 장비였던 것이다. 삼성전자에서 3D로 그린 CAD도면은 협력업체에 나가면 휴지나 다름없었다.

아직 협력업체에는 3D를 활용하는 기술도 장비도 없었다. 업체가 3D를 받아들이지 못하는 실정에서 3D로 작업된 도면은 업체에서 다시 2D로 재설계하여 사용하고 있었다. 결국 협력회사가 이 기술과 장비를 갖추기까지는 수년의 세월이 흘렀다.

모르면 물어보아야 한다.

아주 단순한 이 말은 사실 우리가 가장 놓치기 쉬운 것 중의 하나다. 물어보면 혹시 모른다고 핀잔을 받거나 무시당할까 두려워서 우리는 스스로 판단하고 자기 해석에 따라 일을 처리한다. 그러다 보니 잘못되었을 때에는 이중으로 힘이 들고 고치기가 더 어렵다. 그런 줄 알면서도 또 범하기 쉬운 오류가 바로 자기 판단이다.

1993년 초 삼성그룹에 또 다른 큰 변화가 몰려왔다.

"자식과 마누라만 빼고 다 바꾸라."

'프랑크푸르트 선언'으로 시작되는 '그룹 新경영'은 위와 같은 이건희 회장의 일갈로 이루어진 정말 대단히 큰 변화의 물결이었다.

그런데 이 변화의 물결은 어디서부터 시작되었을까? 처음으로 '新경영'은 〈후쿠다 디자인 보고서〉에서 비롯되었다.

당시 후쿠다는 삼성전자 디자인실의 고문으로 근무하고 있었는데, 그가 삼성전자 디자인에 대한 당면 문제점을 보고서로 회장 비서실에 올렸다. 마침 해외 출장 중에 그의 보고서를 읽어 본 이건희 회장의 진노는 대단했다고 한다. 그리고 그것이 기폭제가 되어 '삼성 新경영'으로 불리는 삼성 개혁이 시작되었다.

'삼성 新경영'으로 삼성전자는 '상품기획센터'라는 전사적 부서를 탄생시켰다. 나는 수원 품질경영본부에서 품질기획부장으로 근무하다가 상품기획센터 부서로 발령을 받게 되었다.

그전까지는 상품기획부서는 사업부의 한 부서로, 사업부장의 스텝부서에 불과했다. 그런데 새로 만들어진 상품기획부서는 달랐다. 사장 직속의 상품기획센터는 전사의 모든 제품을 총괄하여 기획 단계에서부터 과정의 맨 꼭지점에 있었다. 그리고 그동안 연구개발 부서에 소속되어 있던 디자인실을 이관 받아 디자인이 상품기획의 최첨단에 있도록 구조를 완전히 바꾸었다.

따라서 상품기획센터의 탄생은 삼성전자가 디자인 경영으로 가는 초석이 되었고, 품질과 서비스를 기초로 한 상품기획이 선행 단계에서부터 디자인과 접목되어 철저히 검증됨으로써 삼성전자의 상품력을 한 단계 높이는 계기가 되었다.
다시 말하면,

오늘의 거대한 삼성전자는 디자인에서 시작되었으며
품질이 新경영의 시발점이다.

지시와 보고

구분	내용
지시	· 지시를 할 때는 지시사항의 목적, 줄거리, 요구되는 내용, 양식, 분량 보고시한을 명시한다 · 일에 대한 구체적인 구상을 통해 분명한 목표를 제시하고 뚜렷한 방향설정과 작업방법을 참여자와 논의하여 모두가 일에 대한 재미와 성취감을 느끼게 한다.
수령	· 지시를 받을 대는 무엇을 요구하는지, 그 포인트를 요령있게 빨리 파악하여 적시에 실행에 옮긴다. · 지시내용을 명확히 파악하여 확대 해석하지 않는다. · 지시내용을 5W 1H로 생각하고, 불분명한 지시는 반드시 반분하여 명확한 지침을 받는다. · 지시의 취지를 충분히 이해하고, 스스로 연구, 창의성을 발휘하여 상사가 간과할 수 있는 추가방침설정, 건의, 대안제시를 통해 업무효율을 높힌다.
수행	· 업무처리는 절도를 바탕으로 기동성을 발휘하고 대충처리하는 습성을 버리고 철저와 완벽을 기한다. · 형식에 치우쳐 인력과 시간을 낭비하지 않도록 필요이상의 복잡한 것은 표준화하고 명료화시킨다.
보고	· 보고는 내용도 중요하지만 시간을 엄수해야 한다. · 명령이나 지시를 완료했을 때에는 바로 보고하되, 먼저 결론부터 하고 다음에 이유와 경과 순으로 보고한다. · 수령 후 보고할 때까지 기간이 길어질 경우, 추진사항에 대한 중간보고를 해야 한다. · 보고서 작성은 담당의 창의가 충분히 반영되도록 하며, 상가가 수정할 경우에는 보고서내에 의견을 달아 처리한다. · 내용이 복잡하고 양이 많을 때는 요약본을 별첨한다.

지피지기면 백전백승

손자병법을 통해 배운다

기업을 하면서 나는 여러 가지 경영 서적을 읽었다. 그런데 최신의 경영 서적보다 고전인 〈삼국지〉와 〈손자병법〉이 마음에 든다. 특히 〈손자병법〉은 전국시대에 편찬된 병가의 서적이다. 따라서 여기에는 당연히 전쟁에 이기기 위한 전술이 기록되어 있다.

〈손자병법〉에서는 전쟁을 해서 적을 이기는 것은 전술가로서 하급이라고 말한다. 싸우지 않고서 이기는 것이 손자가 이상으로 하는 전략이다. 따라서 손자는 처음부터 무모한 전쟁을 경계하며, 부득이 전쟁을 할 경우에도 전쟁이 국가와 백성들에게 주는 막대한 손실을 막고, 되도록 빨리 끝내야 한다고 역설하며 다음과 같이 세 가지로 싸움에 대한 승패를 정의했다.

- 知彼知己 百戰不殆(지피지기 백전불태)

  적과 아군의 실정을 잘 비교 검토한 후 승산이 있을 때 싸운다면, 백 번을 싸워도 결코 위태롭지 않다.

- 不知彼而知己 一勝一負(부지피이지기 일승일부)

  적의 실정을 모른 채 아군의 전력만 알고 싸운다면, 승패의 확률은 반반이다.

- 不知彼不知己 每戰必敗(부지피부지기 매전필패)

  적의 실정은 물론 아군의 전력까지 모르고 싸운다면, 싸울 때마다 반드시 패한다.

'지피지기 백전백승'은 결국 '상대를 알고 나를 알면 백 번 싸워 백 번 이긴다'는 뜻으로, 상대편과 나의 약점과 강점을 충분히 알고 승산이 있을 때 싸움을 하면 항상 이길 수 있다는 말이다.

자신을 안다는 것은
그 누구에게나 가장 어려운 일이다.

오죽하면 소크라테스와 같은 성인도 자신을 경계하는 말로 "너 자신을 알라"라고 했을까.

그리고 보니 수년 전 TV드라마를 통해 〈타타타〉라는 가요가 히트했는데 노래 가사가 굉장히 흥미롭다.

네가 나를 모르는데
난들 너를 알겠느냐
한 치 앞도 모두 몰라

다 안다면 재미없지
바람이 부는 날은 바람으로
비오면 비에 젖어 사는 거지
그런거지

나의 인생 좌우명은 수기치인(修己治人)이다. 수기치인(修己治人)은
'수신제가 치국평천하(修身齊家 治國平天下)'에서 나온 말인데, 자신을
먼저 닦고 남을 다스리라는 말이다. 흔히들 말하는 나를 먼저 수양하
고, 가정을 거느리며, 나라를 다스리고 천하를 논하라는 이야기다.

또 하나, 우리가 가장 하기 쉬운 말이 '나와의 싸움'이다. 우리는 나
와의 싸움에서 항상 이길 것 같은 착각에 빠진다. 그러면서도 연초마
다 세우는 결심들이 작심삼일로 끝나는 것을 알면서도 우리는 매년
반복한다.

멀리서 배우려 하지 마라.
목표를 정할 때에는
많은 것을 요구하지 마라.

단지

나를 먼저 아는 것이 무엇보다도 중요하다.

무엇보다도 목표를 정하고 결심을 하는 데는 실천하기 쉬운 맥을 찾는 것이 가장 중요하다는 것을 잊지 말자.

"모든 문제의 본질은 내 안에 있으며,
내가 만든 것이기 때문에 내 스스로 풀어야 하는 것.
내가 참회하고 나를 바꿈으로써 풀려 나간다.
세상이 문제가 아니라 내가 문제이며,
내가 변해야 세상도 변한다."

어느 스님의 말씀이다.

차별화만이 살 길이다

보이스펜의 마케팅 성공사례

나는 회사를 창업한 후 코스닥에 등록하기까지 20여 개월 동안 단 한 달도 적자를 낸 적이 없었다. 물론 삼성전자라는 모기업의 명성과 도움 속에서 이룬 실적이었지만, 그래도 여러 가지로 어려운 여건 속의 도전이었다.

당시 디지털 레코드 시장은 소니와 올림푸스의 독무대였다. 소니는 디지털 레코드를 '비지니스의 비서'라는 콘셉트를 가지고 녹음 기능뿐만 아니라 메모 기능, 알람 기능 등 다양한 기능 중심의 마케팅을 하고 있었다.

나는 소니와 완전히 다른 콘셉트를 택했다. 먼저 녹음기의 기본기능으로 승부수를 띄웠다. 그리고 디지털 레코드의 브랜드 네임을 '보이스펜'으로 정했다. 디자인도 몰래 녹음기를 연상하는 펜 타입으로 시작했다. 그것은 디자인에서 부터 타사와 완전히 차별화하여 소비자 계층을 다르게 확보하고자 하는 전략이었다.

따라서 '보이스펜'은 무엇보다도 녹음 기능에 충실했다. 소니가 녹음 시간 30분짜리를 출시했을 때 한 시간짜리를 출시하여 레코드의 기본 성능인 녹음 시간으로 차별화했다. 처음에는 소니나 올림푸스보다 녹음 시간이 두 배 정도였으나, 나중에는 4시간, 8시간, 16시간 등으로 점점 시간을 늘려 녹음 시간에서 타 브랜드와 엄청난 격차를 벌렸다.

그러자 '보이스펜'은 소비자 성향이 완전히 달라졌다. 특히 어학을 공부하고자 하는 학생들이 카세트 테이프 대신에 '보이스펜'을 선호하게 되었다. 새로운 어학 시장이 형성된 것이다.

한편, 유통 측면에서는 소니가 선진 시장을 선점하고 신모델을 출시할 때 우리 회사는 아시아 시장을 공략했다. 당시 소니나 올림푸스는 제품을 자국에서 출시하여 품질 테스트를 마친 후, 미국과 유럽 시장에서 본격적인 판매를 시작하였기 때문에 아시아 시장에 신모델이 들어오는 데는 일년 이상이 걸렸다.

그런데 우리 회사는 신모델을 바로 아시아 시장부터 출시하였다. 그 결과 소니의 일년 전 제품과 '보이스펜'의 신모델과의 한판 승부는 누가 봐도 뻔한 싸움이 되었다. 가격은 물론이고 성능에서도 월등히 앞선 '보이스펜'은 당연히 중국, 홍콩, 대만, 싱가포르 등 아시아 시장을 주력 시장으로 자리매김하게 되었다.

차별화는 단순히 제품만 하는 것이 아니다.
소위 마케팅 이론에서 말하는
마케팅의 4P가 모두 차별화의 대상이다.

나는 시장에서의 경쟁에 앞서 차별화를 생각한다. 제품이든 서비스든 남보다 뛰어난 것보다 남과 다른 무언가를 경쟁력의 열쇠라고 생각한다.

PART 2

선택과 집중

2 대 8의 논리

기회가 인생을 바꾼다

가장 좋고, 가장 싸고, 가장 빠르게

2 대 8의 논리

우수고객 20%가 대출의 80%

파레토의 법칙에서 배운다

세상에는 돈을 빌려 쓰고 싶어 하는 사람보다는 돈을 빌려 주고 싶어 하는 사람이 많다고 한다. 그래서 은행은 많은 사람들로부터 저금리의 이자로 돈을 빌려다가 돈이 필요한 일부 사람들에게 고리이자를 받고 다시 빌려 주고 있다. 만일, 빌려 쓰고 싶은 사람이 많으면 은행은 문을 닫고 말 것이다. 다시 말하면, 빌려 쓰고 싶은 사람이 2이고, 빌려 주고 싶은 사람이 8이라는 것이다

혹자는 이러한 '2 대 8의 논리'을 '대자연의 법칙'이라고도 부른다. 그 예로 사람의 신체 구성에서 물과 기타 물질의 비가 8 대 2이고, 공기의 성분 중 질소와 산소를 포함한 기타 성분과의 비도 이 법칙을 따른다.

실제로 '2 대 8의 법칙'을 발견해 낸 사람은 이탈리아의 파레토다. 그가 '2 대 8의 법칙'을 발견하게 되기까지의 과정은 다음과 같다.

어느 날 파레토가 땅 위의 개미들을 관찰하고 있었다. 개미들은 정말 부지런히 일을 하고 있었다. 하지만 오랜 시간을 가만히 들려다 보니 모든 개미가 열심히 일하는 것은 아니라는 사실을 발견했다.

자세히 보니 열심히 일하지 않는 개미가 몇 마리 눈에 띄더니 더욱 세밀히 관찰하였더니 일을 제대로 하지 않는 개미의 숫자가 훨씬 더 많다는 것을 알게 되었고, 열심히 일하는 개미와 노는 개미의 비율이 약 2 대 8 정도였다는 것을 처음 발견했다.

그 후 파레토는 그 개미들을 잡아서 분류하기 시작했다. 일을 열심히 하는 20%의 개미만 따로 모아 보았다. 처음에는 그 20%의 개미가 모두 열심히 일을 하였다.

그런데 얼마의 시간이 지나자, 그 20%의 개미 중에서도 일을 하지 않는 개미가 생기기 시작했다. 또 한참이 지나자 이 집단의 개미들도 2 대 8의 비율에 맞춰 일하는 개미와 노는 개미가 나뉘는 것이었다.

이러한 현상은 게으른 80%의 개미들에게서도 그대로 나타났다. 80%의 개미들은 처음에는 놀기만 하더니 어느 순간부터 일하는 개미가 발견되기 시작했다. 한참이 지나자 역시 2 대 8의 비율로 일하는 개미가 생겨난 것이다.

파레토는 자연에서 무슨 법칙이 있는 게 아닌가 하는 궁금증을 가지게 되었다. 그래서 이번엔 벌통으로 가서 벌을 대상으로 같은 실험을 하였다. 그때도 마찬가지로 2 대 8의 비율을 발견하게 되었다.

그 후, 파레토는 이 20%와 80% 사이의 상관관계를 다른 여러 분야에 적용하기 시작했다. 예를 들어, 정원에서 생산된 콩의 80%는 전체 콩깍지의 20%에서 만들어졌다는 것 등이다.

시간의 흐름에 따라 이 2 대 8의 상관관계는 전 세계적으로 유명해졌다. 이것이 오늘날 '파레토의 법칙(Pareto Principle)' 또는 '2 대 8의 법칙'으로 알려지게 되었다.

일반적으로 사업에서 '2 대 8의 법칙'이 어떻게 작용하는지를 다음의 몇 가지 사례에서 살펴볼 수 있다.

회사 수익의 80%가 영업 인력 20%이 만든다.
매출 수익의 80%가 전체 제품의 20%에 의해 창출된다.
배송 지연의 80%가 20%의 원인으로 발생한다.
고객 불만의 80%가 20%의 제품·서비스에서 발생한다.

회사의 전체 수익 중 상당 부분은 항상 소수의 고객에 의해 만들어진다. 항상 소수의 제품이 전체 주문의 상당 부분을 차지한다. 영업 인력 중 소수가 대부분의 수익을 올린다. 대부분의 과학기술 혁신은 소수 과학자들에 의해 이뤄진다.

회사에서 대부분의 불만은 소수의 직원으로부터 나오고, 결근을 하는 사람들도 항상 소수의 직원들로 정해져 있다. 대부분의 사고는 항상 정해진 소수의 그룹에 의해 발생한다.

사업에서의 '2 대 8의 법칙'은 우리가 불필요한 비생산적인 부분에 많은 시간과 자원을 낭비하고 있다는 것을 말해 준다. 별로 중요하지 않은 일과 꼭 필요하지 않은 장비, 그리고 실적을 올릴 가능성이 없는 영업 때문에 사람들이 바쁘게 움직이고 시간을 투자한다는 것이다.

그리고 바로 이것이 우리 인간들이 자주 이성적이지 못한 감정적인 행동 양식을 보인다는 증거가 되는 셈이다. 적은 비율의 무언가가 대다수의 결과를 생산해 내는 것이다. 이는 모든 사업체들에게서 나타나는 공통된 현상이다. 반드시 이것이 2 대 8의 비율로 나타나지는 않더라도 말이다.

결국 '2 대 8의 법칙'은 인간이 이런 객관적인 현실을 깨닫지 못하고 얼마나 비이성적이고 감정적으로 행동할 수 있는가를 반증하기도 하는 좋은 사례일 뿐이며 우리가 일을 할 때 '집중과 선택'을 해야 하는 이유이다.

관리 시스템의 변화

일은 급하고 중요한 것부터

일을 하는데 있어서 무엇보다 중요한 것은 바로 목표를 정하는 것이다. 나는 지금도 TV에서 하는 〈동물의 세계〉라는 프로그램을 자주 본다. 밀림의 사자나 치타 같은 맹수가 사냥을 하는 것을 유심히 보면 재미있는 생존의 법칙을 볼 수 있다. 사자나 치타는 자신의 능력을 잘 알고 있는 듯이 먹이를 정하면 처음부터 한 목표를 끝까지 추적한다. 절대로 도중에 다른 먹이 감이 접근해 있다고 해서 처음 목표한 먹이를 버리고 먹이를 수정하는 법이 없다.

선택은 누구나 할 수 있다.
그러나
집중은 그 방법에 따라 또 다른 결과를 가져온다.

관리의 기본은 항상 효율에 있다. 모든 일이 완벽할 수는 없다. 세상에 완벽이라는 것도 없다. 우리는 일상생활에서 '6시그마'라는 말을 자주 사용한다. 품질에서 불량률을 나타내는 단위로 시작된 이 단위가 일상에서도 쓰이는 것을 보면 참 세상이 많이 변했다고 느낀다.

그런데 1980년대 초 동경전자에 근무할 당시에도 일본 산요전기의 공장에는 '불량제로 운동'이 있었다. '불량제로'는 있을 수 없는 목표였지만, 그래도 나는 그때 그 운동이 가슴에 와 닿는다. 그것은 공장에서의 0.001%의 불량도 한 사람의 소비자 측면에서 보면 어차피 '100% 불량'이라는 개념에서 시작된 운동이기 때문이다.

아마 지금 생각해 보면 불량제로 운동은 원초적인 관점에서 그 후에 일어난 'CS(Customer Satisfaction) 운동'인지도 모른다.

급하고 중요한 것부터 시작하라.

우리는 이러한 명백한 사실을 현실에서 무시하려는 경향이 있다. 대다수의 회사들은 가장 유능한 영업 인력을 배치할 때 더 많은 실적을 올릴 수 있는 곳이 아니라 제일 실적 올리기 어려운 곳에 배치하고 있다. 가장 능력 있는 인력이 더 많이 생산할 수 있도록 하는 것이 아니라 더 어려운 문제를 해결하도록 하고 있는 것이다.

그러나 능력 있는 인재가 어려운 문제를 잘 풀 수 있을지는 몰라도 그 문제 해결로 인한 수익 증대 효과는 미미할 수도 있다. 차라리 그 시간에 그 인력이 더 쉬운 역할을 담당했다면, 회사의 수익은 훨씬 늘고 일의 효율도 더 크게 올라갔을 것이 분명하다.

일은 급하고 중요한 곳에 집중하라.
이것이 내가 체험한 성공의 요건이다.

일의 우선순위

타입		중요도	
		고	저
완급	고	Ⅰ 급하고 　중요한 것	Ⅲ 급하고 　덜 중요한 것
	저	Ⅱ 덜 급하고 　중요한 것	Ⅳ 덜 급하고 　덜 중요한 것

일의 순서는 급하고 중요한 것부터 시작하여, 상황에 따라 덜 급하고 덜 중요한 것의 순으로 실행한다.

기회가 인생을 바꾼다

누구에게나 세 번의 기회는 온다

기회를 포착하는 것이 가장 중요하다

인간이라면 누구나 돈을 벌고 싶어 한다. 그것도 기회가 된다면 되도록 많은 돈을 벌고자 한다. 그런데 돈을 벌고 싶어 한다고 해서 돈을 벌 수 있는 것은 아니다.

최소한 돈을 벌 기회를 잡아야 한다. 기회가 왔는데도 불구하고 준비가 안 되어서 기회를 놓친다면 이 얼마나 안타까운 일인가.

사람의 평균 수명은 학자에 따라 약간씩 다르기는 하지만 보통 90년이라고 한다. 그리고 90년을 나누어 보면 30년을 준비하고 30년을 일해서 생활하고 남은 것은 저축하여 나머지 30년을 쓰며 지낸다고 한다.

나는 초기 30년의 준비는 일반적으로 누구나 사회에 적응하기 위한 기초 준비라고 본다. 보통 사람과 같이 기초 준비만 가지고는 평범하게 살 수밖에 없다. 성공을 위해서는 또 다른 준비가 필요하다.

그런데 또 다른 준비는 특별한 것이 없다. 그것은 일상생활에서 이루어져야 한다. 일상생활이 곧 기회를 잡는 준비 기간이어야 성공할 수 있다. 성공을 위한 별도의 준비는 있을 수 없다. 하루하루의 일상생활이 준비 시간인 셈이다. 따라서 하루하루를 정리하고 반성하며 내일을 계획하는 아주 기초적인 일이 인생을 바꾸는 핵심이다.

가장 쉬운 일부터 시작하라.
먼저 생각을 바꾸라.

반복된 생각은 느낌으로 다가오고, 그 느낌은 최소한의 행동을 부른다. 이것이 인생을 바꾸는 기본 원동력이다.

누구에게나 인생에 성공할 수 있는
세 번의 기회가 온다고 한다.

그런데 한 번도 모르고 지나가는 사람이 90%라고 한다. 나머지 10% 중에서 90%가 지나간 다음에 그것이 기회였다고 느낀다고 한다. 단지 1%만이 기회를 알고 그동안 준비하고 비축한 힘을 이용하여 성공에 다가간다. 그만큼 기회는 우리에게 쉽사리 다가오지 않는다. 항상 준비하고 있어야만 소리없이 다가오는 기회를 잡을 수 있다. 일상생활 속의 꾸준한 준비를 통해서 기회를 찾는 예지(叡智)의 힘을 길러야 한다.

올바른 판단력을 기르자

지식보다는 지혜를 얻어라

얼마 전 〈한국의 부자들〉이라는 책을 본 적이 있다. 한국의 부자들은 도대체 어떤 습관을 갖고 있어서 그 많은 부를 축적할 수 있었을까?

이 책에는 천 년 동안 한국을 지배해 온 부의 정석, 화상과 유대상인보다 우수한 개성상인의 피가 흐르는 알부자들을 통해 부자가 되기 위한 일곱 가지 습관을 소개하고 있다.

보통 사람들은 재산이 없으면 몸으로 힘을 쓰고 재산이 약간 있게 되면 지혜를 써서 불리고 웬만큼 가진 사람은 시기를 노려 이익을 더 보려 한다.

이 책에서 부자가 되기 위해서는 이익을 목적으로 행동할 것이 아니라 신(信), 의(義), 지(智)를 기준으로 행동해야 한다고 말한다. 그리고 부자가 되기 위한 조건으로 다음의 일곱 가지 습관을 꼽는다.

1. 자신에 대해 먼저 알라.
2. 긍정적으로 생각해라.
3. 속이지 않고 정당하게 돈을 벌어라.
4. 기본을 지켜라.
5. 함부로 소비하지도, 너무 아끼지도 마라.
6. 인간관계를 잘해라.
7. 자신이 말한 것은 반드시 지켜라.

신(信), 의(義), 지(智). 참 좋은 단어들이다. 그 중에서 나는 경영자의 가장 큰 덕목으로 지(智)에 해당하는 판단력을 꼽고 싶다. 우리는 조직을 이끌어 나가는 지도자가 명령을 잘못 내려 그 부하들을 사지로 내모는 경우를 종종 보아 왔다.

'머리는 빌릴 수 있어도 건강은 빌릴 수 없다'는 말을 종종 듣는다. 대단히 옳은 말이다. 그러나 판단력이 없거나 흐려지면 머리도 쉽게 빌릴 수 없다.

유태인의 경서인 〈탈무드〉는 이천 년 동안 유태인 생활의 지침서다. 〈탈무드〉는 지금도 전 세계적으로 가장 많이 읽히는 책 중의 하나다. 그것은 〈탈무드〉가 지식을 가르치는 책이 아니라 사람의 지혜의 깨우치는 삶 자체이기 때문이다.

지식은 책을 읽거나 선배들의 경험담을 듣거나 강의를 통한 간접적 경험으로, 마음만 먹으면 얼마든지 얻을 수 있다. 그러나 지혜는 이러한 간접적 경험보다는 우리들 생활 속에서 경험을 통해 배우는 경우가 더욱더 효과적이다.

'백문(百聞)이 불여일견(不如一見)'이라는 말과 같이 백 번을 듣는 것보다 한 번 보는 것이 낫고 백 번 보는 것보다는 한 번 경험해 보는 것이 낫다는 말에서도 경험이 얼마나 중요한지를 알 수 있다.

되도록 젊은 시절에 많은 것을 보고 실천하면서 배워야 한다. 실패를 두려워해서는 안 된다. 젊음은 실패도 포용할 수 있다. 나이가 들면 가정이 생기고 부양할 가족이 늘어나면서 생각이 많아지고 두려움이 생긴다. 생각이 많으면 실천이 어렵다. 그뿐만 아니라 옳고 그름에 대한 변별력도 현저히 떨어지게 된다.

한 살이라도 어릴 때 더 많이 경험하라는 옛 어른들의 말씀을 그때는 잘 몰랐는데 지금은 왜 이리도 절실히 내 가슴속을 파고드는 걸까.

안정과 도약

살아남은 자만이 승자다

성공을 위해서는 실패를 두려워하지 마라.
성공하는데 돈은 큰 문제가 아니다.

언뜻 듣기에는 새로 사업을 시작하려는 젊은이들에게 용기와 희망을
주는 좋은 말로 우리는 성공한 사람에게서 자주 듣는다.

이것은 마치 학력고사에서 최고 점수를 얻은 학생이나 명문대 수석
합격자가 언론과의 인터뷰에서 충분히 자고 먹고 학교 공부만 충실
히 하면 된다고 이야기하는 것과 같은 맥락이다.

과연 그럴까? 기초 없이 학교 공부만 충실히 하면 명문 대학에 입학할
수 있을까? 돈도 없이 아이디어만 가지고 사업을 시작할 수 있을까?
사업에서 자금은 필수적이다. 물론 특수하게 아이디어만 가지고 주
위의 도움으로 사업에 성공하는 극히 드문 경우도 있다. 그러나 보통
은 기본적으로 사업을 영위해 나갈 수 있는 최소한의 자금을 스스로

마련해야 한다. 성공에 돈은 큰 문제가 아니라는 사람은 벌써 성공한 사람이다. 그 바탕 위에서 새로운 사업을 추가해 가는 것이 큰 문제가 아니라는 이야기이다.

성공을 위해서는 실패를 두려워해서는 안 된다는 이야기도 마찬가지이다. 처음 시작하는 창업이 실패하면 다시 일어나기 어렵다. 나이가 들어 창업하는 실버 세대는 더욱 더 그렇다.

첫 사업은 무조건 성공해야 한다.

비록 크게는 아니지만 현상 유지 이상은 되도록 해야 한다. 살아남아야 내일도 있다. 살아남아야 승리를 맛볼 수 있다. 죽은 자는 말이 없다. 내일 잘 먹겠다고 오늘 굶어 죽을 수는 없다.

그렇기 때문에 사업의 기초를 다지는 것이 무엇보다도 중요하다. 사업이 안정되어야 새로운 도약도 가능하다. 물론 사업아이템에 따라 다를 수는 있다. 흔히 미래 투자의 비율에 따라 사업 성향을 진보와 보수로 나누기도 하지만, 나는 회사 경영의 자원을 현재 진행하는 사업에 80%를 쏟았다. 그리고 미래를 위한 투자에 나머지 20%를 활용하였다. 그래서 설사 신규 사업이 실패를 해도 80%의 사업이 이를 뒷받침해 주었다. 그 결과 신규 제품 중 몇 번의 실패 속에서 한 제품의 히트로 사업을 반석 위에 올려 놓았다.

혹자는 내가 하는 사업에 대해 너무 보수적이다라고 혹평을 하는 경우도 있다. 벤처사업을 했다는 사람이 너무 무사 안일주의에 빠져있다는 소리도 들었다. 하지만 나는 지금 살아 있는 것이 더 중요하다고 생각한다.

코메디 역사 영화인 〈황산벌〉에서 다음과 같은 대화를 들은 적이 있다.

승자가 살아남는 것이 아니라
살아남은 자가 승자이다.

판단력을 키우는 법칙

• 보면 내기 걸고, 보면 내기 걸고…….

자신의 안목을 양성하기 위해서 이보다 더 좋은 방법은 없다.

• 무엇이나 모방하는 것만이 능사가 아니다.

히트상품은 다른 사람을 흉내지만, 99%의 사람이 모르게 진행해야한다.

• 자아나 프라이드만 가지고 무엇이 될까?

히트메이커들은 많은 실패를 하고 좌절하며 내 아이디어는 팔리지 않는다는
사실을 경험하고 있다.

• 왜 독창적인데 팔리지 않을까?

나를 버리고 욕심 없이 사물을 보면 무엇이 팔릴 수 있을까 하는 것을 볼 수
있으며, 이를 통해 판단력이 폭발적으로 길러진다.

• 히트 상품개발은 느낌이 80%, 과학은 20%

진리 중 하나가 히트메이커는 비지식형 인간이라는 것이다.

• 적어도 세 시간의 관찰(Watching)이 필요하다

히트 상품을 이해 못하면 히트 상품을 만들 수 없으므로 자신이 직접 보라.

• 실패에 대해 정당화하면 보는 눈이 어두워진다

실패를 실패라고 인정하면, 겸허하게 반성하고 분석하는 버릇이 길러진다.

• 꼭 팔리는 기획은 가능한가?

기획자에게 필요한 것은 히트 상품을 만들 수 있다는 확고한 의식이다.

가장 좋고, 가장 싸고, 가장 빠르게

CS는 나의 철학

품질 경영에서 나아가
고객만족경영으로

나는 고교 시절부터 이공계열을 전공하고 첫 직장에서는 제조기술을 거쳐 품질관리, 품질보증부서에서 잔뼈가 굵었다.

그런데 산업화 사회의 발전과 더불어 회사의 경영도 시대에 맞추어 바꾸어 나갔다. 처음에는 기술경영에서 시작된 업계의 경영 스타일이 어느 정도 기술이 평준화되자 품질경영으로 바뀌고 CS경영으로 심화되면서, 제품도 경쟁사에 비해 싸면서도 품질은 좋아야 되고 시장에 빨리 출시하지 않으면 안 되게 되었다.

한 예를 들면 요즈음 매스컴에서 패스트패션(Fast Fashion) 이라는 말이 많이 회자되고 있는데, 이것은 유행에 따라서 빨리 바꾸어서 내놓는 옷을 통틀어 이르는 말로 패스트푸드(Fast Food)에서 유추하여 만들어 낸 용어로 추측된다.

음식의 패스트푸드처럼 옷에도 패스트패션(Fast Fashion)이 있어, 저렴

하면서도 빠르게 바뀌는 유행을 즉각 반영한 옷이 있다. 따라서 일반적 방식인 계절에 앞서 옷을 만들어 놓는 것이 아니라 유행에 맞춰 바로바로 만들어 내는 다품종 소량 생산하는 '자가상표 부착제 유통 방식(SPA : Speciality retailer of Private label Apparel)'을 의미한다.

패스트패션 업체는 유행이 될 만한 아이템이 있으면 즉시 기획 · 디자인에 들어가 생산과 유통까지 바로 진행한다. 즉, 패션업체가 생산부터 유통과 판매까지 직접 하는 것이다. 이러한 운영 방식은 재고를 줄이고 시시각각으로 변화하는 유행의 흐름에 뒤처지지 않고 빨리 따라가기 위해 패션업체들 사이에서 널리 도입되고 있다.

그런데 지금 의류에서 유행인 패스트패션이 사실 전자업계에서는 벌써 20여 년 전부터 연구되고 활용되어 왔다. 1980년대 생산성 향상으로 시작된 대량 생산체제는 1990년대 초반부터 소비자의 다양한 욕구에 의해 소품종 대량 생산에서 다품종 소량 생산체제로의 전환되면서 품질 경쟁을 일으키는 계기가 되었다.

품질에 문제가 없는 가장 싼 제품을 고객이 원하는 적기에 제공하는 것은 마케팅의 기본이다. 그러기 위해서는 시간과 장소에 맞는 다양한 소비자의 요구를 파악하고 소비자를 고객으로 끌어들이는 새로운 발상의 전환이 절실하다.

그런 면에서 가치공학(VE)에 대한 이론 역시 처음에는 품질과 생산성 혁신에서 시작되었으나 산업계에 이론이 적용되면서 고객의 요구를 새로운 요소로 받아들여 이론을 정립하게 된다.

즉, 가치 공학은

$$V=F/C$$

로 표현하는데,

이는 초기에는 품질 중심의 가치분석(VA)에서 시작하여 가치공학(VE)을 거쳐 나중에는 CS 개념이 들어간 가치혁신(VI)으로 발전하게 되는 것이다.

세상에서 가장 좋은 것

불황을 모르는 명품이야기

이야기를 바꾸어, 요즈음 회자되는 명품에 대해 이야기해 보고자 한다. '결혼 예물' 하면 제일 먼저 떠오르는 것이 시계와 반지다. 그 중에서도 예물 명품시계로 많은 사람들이 스위스의 로렉스 시계를 대표 제품으로 꼽는다. 로렉스 시계는 하나에 수백만 원에서 수천만 원을 호가할 정도로 가격이 높지만 그만큼 제품의 품질과 가치를 따져 보았을 때 품격 있는 시계이기 때문이다. 또 로렉스 시계는 있는 그대로의 품격 있는 가치뿐 아니라, 전 세계적으로도 명품시계로서 인정을 받고 있기 때문이다.

얼마 전 나는 명품 매장에 들렀다가 너무나 깜짝 놀랐다. 신 제품은 수입 즉시 예약 판매되어 없는 것은 다반사일 뿐 아니라 일부 품목은 선불을 하고 주문 후 몇 달씩 기다려야 받을 수 있다는 이야기였다. 그리고 이런 일은 비단 로렉스뿐만 아니라 에르메스, 샤넬 등 다른 명품 브랜드에서도 똑같이 적용되는 현상이었다.

과연 명품이란 무엇일까? 왜 사람들은 명품을 선호하는 것일까? 그것은 내 경험상 아마도 '가치'와 '차별화'로 요약된다. 최소한 명품은 그 제품이 가지고 있는 가치, 즉 돈을 지불하고도 아깝지 않는 품질과 디자인이 있어야 하고 남과 다른 멋과 품위가 있어야 한다.

그런데 이러한 명품에 대한 인식이 허영심과 사치심으로 인해 현재 흐려지고 있는 현실은 너무나 안타깝다. 허영심과 사치심은 남과의 차별화가 아닌 따라가고픈 마음에 값싼 모조품을 찾게 되고, 시장은 고객의 요구에 발맞추어 짝퉁이 판을 치는 세상이 되었다.

이제 사회 변화에 따라 상품이나 서비스의 품질과 가치 척도에도 변화가 오고 있다. 소비자가 고객인 시대는 벌써 지나간 지 오래다. 따라서 사업에서 성공하려면 그 시대 정신에 맞는 상품이나 서비스가 무엇인가를 잘 파악하는 것이 무엇보다도 중요하다.

대부분의 제조 업체는 품질, 가격, 납기 중에서 가격에 포커스를 맞추고 있다. 그러나 시대가 다변화되어 가는 현실에서는 개성이 강한 소비자가 시장을 이끌어 나간다.

진정한 사업의 성공을 위해서는
자신의 고객층을 알아야 하고
소비자를 고객으로 사로잡아야 한다.

지금은 시간과의 전쟁

스피드 경영이란

현대 경영은 시간과의 싸움이다. 정보화 시대에 있어 스피드는 기업 발전의 원동력이다. 급변하는 경영 환경에서 시장에의 대응력을 극대화하여 고객이 만족하는 제품과 서비스를 남보다 빠르게 제공하는 경영이 곧 '스피드 경영'이다.

'스피드 경영'이란 단순히 '빨리'를 의미하는 것이 아니라, 기업의 총체적인 시간 중심 경영(Time Based Management)을 의미한다. 즉, 먼저 시작, 빨리 처리, 제때 공급, 자주 관리의 네 가지 속성을 가지고 있다.

'먼저'란 개념은 'Early Start, Market Leader'로 표현되는 미래 유망 상품의 조기 발굴, 사전 준비, 선행 투자, 경쟁사 대비 신상품 조기 출시 등을 의미하며, 곧 '기회 선점 경영'을 말한다.

'빨리'란 개념은 'Time Compression, Fast Decision'으로, 프로세스 리드타임 단축, 신속한 의사결정 등 '시간 단축 경영'을 의미한다.

'제때'란 개념은 'On Time, Just In Time'이란 뜻으로, 외부 및 내부 고객과의 납기 준수, 필요한 시기에 필요한 양만큼 공급하는 '타이밍 경영'이다.

'자주'란 개념은 'Real Time Management, Flexible Management'의 의미처럼 사람, 돈, 물류 등의 실시간 관리, 소량 다품종, 고회전율 경영 등 '유연 경영'을 뜻한다.

이러한 스피드 경영의 효과는 회사 경영 측면에서 신규 시장 조기 진출, 한계 사업 조기 정리, 기회 선점 효과와 장기 예측 시 발생하는 위험요소를 감소시킬 수 있는 경영의 관리 주기 단축과 생산성 향상을 통한 업무 처리 시간 단축, 사이클 타임 단축, 신속한 고객 대응을 통한 제품 및 서비스 가격의 인상, 시장 점유율의 확대 등을 들 수 있다.

고객 만족 측면에서는 고객의 시간 절약을 통해 시간 절약형 상품과 서비스를 제공하고, 재고 부담 감소와 다양한 모델 전시 등 대리점에 신속히 제품을 공급하여 협력 업체와 약속을 철저히 준수함으로써 잦은 발주 변경에 따른 협력 업체의 위험을 감소시킬 수 있다.

마지막으로 임직원 만족 측면에서 보면, 절약된 시간을 자기계발 등에 활용하여 개인 삶의 질을 향상시킬 수 있다. 그리고 불합리한 업무를 제거하여 좀 더 가치 있는 업무 수행의 기회를 부여함과 동시에 신속한 정보 공유를 통해 정보 단절에 의한 소외감을 제거하고,

나아가 경영지원 업무를 신속히 처리해 임직원의 불만을 최소화할
수 있다.

삼성은 新경영 2기를 맞이하여 '질(質)경영'을 선포하였다. 이는 그동
안 양적 측면을 강조해 온 삼성의 경영방침을 질적 중심으로 바꾸었
다고 단순히 보기보다는 시대의 흐름에 따라 그룹 전체의 상품이나
서비스를 통틀어 기획 단계에서부터 원재료를 구입하는 과정, 가공과
유통 과정에 이르기까지 전 과정에서 가장 좋게 (Quality:품질, 서비스),
가장 싸게 (Cost:원가 경쟁력), 가장 빠르게 (Speed:납기)의 세 가지를 균
형있게 강조하는 것을 의미한다.

선진기업의 스피드 경영

1. 기업 시간보다는 고객 시간을 중시

- 시장대응력(Time to Market)을 강화하고 내부 핵심프로세스를 단축
- 고객시간을 벌어주는 상품을 개발하여 판매
- 고객접점인력에 대폭적인 권한 위양

2. 경쟁자보다 앞선 신제품 출시로 시장 선점

- 제품을 사실상의 표준화
- 시장을 선점하여 高이익을 얻고, 경쟁자가 동일제품을 개발하면 차세대 제품을 출시하여 高이익을 실현하는 전략(First-to-Market)
- 모여서 일하고, 병렬적으로 개발하는 체제 구축

3. 의사결정 시간을 단축

- 가공된 정보보다는 生정보를 선호
- 의사결정에 필요한 정보수집 시간을 단축
- 신속한 의사결정을 위해서 조직계층을 Flat化

4. 경영 자원의 회전 속도를 중요시 (Stock →Flow)

- 자산(돈, 사람, 설비, 정보 등)등의 활용성 중시
- 경쟁자보다 자주 공급하고 회전시킴으로써 운용수익 증대

5. 정보기술을 적극 활용

- 신속한 의사소통, 정보유통을 위하여 통합화·네트워크化 실현

PART 3

변화와 개혁

변화의 바람은 시대적 사명

개혁은 생존의 문제

생각이 운명을 바꾼다

변화의 바람은 시대적 사명

중단 없는 경영 혁신

경영 혁신의 변화

내가 창업을 결심했던 시절은 IMF 직후였다. 그 시절 삼성전자는 위기 상황에 대한 인식 부족과 충분한 방침 설명 없이 경영 방침을 실적 위주로 완전히 전환하였다. 이에 사원들은 미래에 대한 공포의식 속에서 삼성 新경영으로 대표되는 質경영 중심이 무너지고 자신도 모르게 과거의 양(量)경영 중심으로 서서히 회귀하고 있는 중이었다.

따라서 회사는 기업 문화의 황폐화와 정신적 공황 속에서 회사와 사원 간에 공유하는 가치 체계의 혼란이 가속되고 있었다. 이는 비전이나 철학 없이 단지 살아남기 위해 수단과 방법을 총동원하여 현상 유지에 급급한 생존 그 자체였다.

시간이 흐를수록 조직 속 불신의 벽은 상하좌우 간의 불신, 동서남북 간의 불신, 노사 간의 불신 등으로 높아만 갔고, 존경하고 존경 받는 사람이 없는 사회 병리 현상이 회사 곳곳에서 나타났다.

경직된 삼성의 조직 풍토와 문화의 벽은 너무나 높았다. 전자의 규모는 일본 샤프와 비슷한데도 불구하고, 종업원 수는 샤프의 세 배, 이익은 3분의 1에서 5분의 1 수준이었다. 당시 삼성그룹의 일본인 고문인 요시가와 상무가 삼성의 가장 큰 문제로 '조직의 벽'을 꼽을 정도로 조직은 나약해져 갔다.

그는 "삼성의 인적 자질은 매우 우수하며 일도 훨씬 더 열심히 한다. 그런데도 왜 혁신적인 제품이 나오지 않는가? 삼성인은 개인이 가지고 있는 지식과 경험, 정보의 20% 정도밖에 공유하지 않는 것 같고, 일본인은 80% 정도 공유하는 데서 차이가 난다고 생각한다."며 삼성의 조직 문화를 꼬집었다.

이는 자기 방어적인 태도의 정형적인 틀에서 벗어나지 못한 기업의 문화 탓이었다. 자신의 실수를 인정치 않고 실수한 내용을 기록으로 남기지 않는 기록 문화 부재와 매뉴얼화 되지 않은 업무 등으로 모든 사원이 지시만을 기다리고 지시도 구두로만 하는가 하면, 예방보다 사후 조치, 구호 남발, 결과 중시에 치중하는 모습이었다.

그러다 보니 세계 최신의 정보나 유행에 대한 단어만 알지, 실제로 내용은 모르고 본질을 외면하게 되어 눈앞의 성장만 하려고 한다. 그리고 사장이 바뀌면 원위치로 돌아가게 되는 악순환을 낳을 수밖에 없었다.

개혁 없는 현실 안주는 회사의 큰 재앙이다. 그래서 삼성전자도 IMF 경제위기를 통하여 뼈를 깎는 구조조정을 단행하였다. 물론 그 과정에서 많은 사원들이 명예퇴직을 하는 아픔도 겪었다. 그러나 그로 인하여 무엇이 진정한 혁신인지 제로 베이스에서 냉철하게 생각하게 되었으며, 급변하는 경영 환경에 실질적으로 대응할 수 있는 것인지 다시 생각해 보는 계기가 되었다.

지금의 삼성전자가 글로벌 경쟁력을 갖춘 초일류 기업으로 성장한 것은 그때의 선제적으로 대응 능력이 이제 빛을 발하고 있는 것이다.

기업 혁신 성공 사례

삼성그룹의 '新경영' 사례

그동안 삼성은 창업 이래 정직과 도덕성을 축으로 타 그룹과 차별화를 시도해 왔었다. 부정이 없는 깨끗함이 삼성의 상징이었다. 그래서 붉은색이 엘지를 상징한다면, 푸른색과 청색은 삼성을 대표하는 색이다.

그런데 어느 날, 이런 삼성의 이미지가 흔들리기 시작했다. 삼성전자의 양적인 팽창은 타사와의 매출 경쟁, 손익 경쟁으로 이어졌고, 소비자를 외면했다. 제품은 불량품으로 소비자에게 외면당하기 일쑤였고, 국내 판매에 안주한 마케팅은 해외에서 소니 등 일본 제품에 밀려 진열장 한 귀퉁이에서 먼지가 수북이 쌓인 채 천덕꾸러기 신세를 면치 못했다. 더욱더 기막힌 것은 이런 현상을 임원 이하 전 종업원이 당연하다고 받아들이고 있는 현실이 더 큰 문제였다.

삼성의 기업 혁신은 처음부터 그룹 회장의 주도하에 과거와의 철저한 단절로부터 시작되었다.

"마누라와 자식만 빼고 다 바꿔라."로 잘 알려진 新경영은 먼저 삼성의 의식 개혁과 관리의 변화에서 시작된다.

당시 국내 대기업의 경영 풍토는 철저한 양적 팽창이었다. 그런 양적 팽창에서 質위주의 경영을 하자는 것이 新경영의 핵심이었다. 그러기 위해서는 먼저 벽 없는 조직, 신바람 나는 직장을 구현하고 소집단 활동을 활성화한다. 이를 통해 공동체의식을 함양하여 전 임직원이 참여하는 자율적 의식 개혁 활동을 지향해야 했다.

'믿을 수 있는 친구, 삼성'이라는 캐치프레이즈(Catchphrase:사람의 주의를 끄는 문구나 표어)와 삼성 윤리 강령이라는 삼성 헌법의 준수를 통해 삼성 문화를 구축하고 열린 경영과 정도 경영을 추진해 나갔다.

삼성은 新경영 실천의 기본 전략으로 7-4제와 삼성 3대 스포츠를 강조했다. 7-4제가 근무의 기본 틀이라면, 삼성의 3대 스포츠는 4시 이후의 시간을 자기 계발에 투자하라는 의미에서 승마, 럭비와 더불어 골프를 장려했다. 많은 사원들이 골프를 배우고 회사는 골프 연습 비용을 자기 계발 비용으로 지원했다.

삼성은 3대 스포츠로 왜 골프를 택했을까? 보통 말하기를, 골프는 '자기 자신과의 싸움'이라고 한다. 골프는 어쩌다 한 번 잘 쳤다고 그것이 전체 플레이에 미치는 영향이 미미하다. 18홀을 다 치고 나서야 그 결과를 알 수 있다. 그리고 자신이 기획하고 그 결과를 음미하며 반성하는 게임이라고 할 수 있다.

골프는 인생의 축소판과 같다.

가야 할 방향과 거리를 예측하고 목표를 정하고 수정한다. 또한 골프
의 규칙은 누가 감시하고 쳐다보는 것이 아니다. 플레이어 자신이 규
칙을 숙지하고 지키는 운동이다. 자연과 함께하며 자연의 법칙을 지키
고, 상대방과의 게임을 통해 에티켓과 예의 범절을 지키는 운동이다.

삼성은 골프를 통해 사원들의 도덕심과
규칙에 대한 이해의 폭을
다시 한 번 심어 주고자 했다.

삼성 신경영 과제 사례

• 기본방향(내실경영 체제)

1. 사업구조 혁신

. 한계사업 구조조정

. 과수사업 경쟁력 획기적 제고

. 미래대비 씨앗,묘목사업 육성

2. 견실경영 실천

. CASH FLOW 및 자원운영 효율 극대화

. 해외사업 정비

. 시장중심의 스피드경영 실천

3. 경쟁력 강화

. 핵심 우수인력 적극 확보

. 핵심기술 조기 확보

. 상품 경쟁력 집중 강화

• 경영혁신 7대 지표

1. 매출

2. 손익

3. 재고

4. 채권

5. 재고ASING

6. 채권ASING

7. 차입금

개혁은 생존의 문제

변화만이 살 길이다

프로세스혁신
이제는 혁신이다

대부분의 기업들이 창업을 하여 성공하고 더 나아가 대기업이 되고 나면, 현재의 위치에 안주하면서 선두 기업이 갔던 길을 맹목적으로 따라간다. 그것은 이미 누군가가 지나갔던 길은 어디에 위험이 존재하며, 어디가 안전한지, 어떤 방식이 가장 효과적인지가 검증되었고, 모두가 정확히 알기 때문이다. 위험을 회피하기 위한 수단은 역할 모델을 찾아 벤치마킹을 하는 것이라고 보았기 때문이다.

보통 우리는 성장의 핵심을 '변화'에서 찾는다. 새로운 사회 구조, 새로운 사업 영역, 빠르게 변화하는 상활 패턴 속에서 기업의 역할을 재조명하고 개선을 통해 기업을 확장해 나간다. 그런데 2012년도에 발표한 "가장 혁신적이라고 생각하는 국가 세 개를 고르라"는 질문에 응답자 중 13%가 한국을 선택했다. 이는 미국, 독일, 일본, 중국에 이어 5위였다. 특히 한국은 인도, 일본, 싱가포르 등 아시아 지역에서 '혁신 국가'라는 인식이 20%대로 높게 조사됐지만, 유럽 지역에서는 10%대 이하로 상대적으로 낮게 나타났다.

혁신은 이제 단순히 기업의 성장에 대한 문제가 아니다. 요즈음 우리는 일본의 대표적 전자 기업인 소니를 통하여 현실에 안주해 변화를 거부한 소니가 얼마나 혹독한 구조조정이라는 몸살을 앓고 있는가에 대해 보았다.

현실의 만족에서 과감히 탈피해야 한다.

"나라가 어려운 상황이나 위기에 처해 있을 때에는 신하들이 좋은 의견을 제출하거나 궁리하는데 머리를 쓰기 때문에 어려운 문제를 극복할 수 있지만, 나라가 태평성대가 되면 신하들도 긴장감이 없어져 좋은 의견을 제출하지 않고 임금도 귀담아 듣지 않기 때문에 나라가 위태롭게 되는 것입니다."

위 글은 당 태종의 〈정관정요(貞觀政要)〉에 나오는 문구다. 이것이 주는 교훈은 다음과 같다.

현실에 안주하는 것이 곧 나라를 망친다는
무서운 경고의 메시지이며,
시공을 초월하여
누구에게나 적용되는 참된 진리다.

변해야 산다

安逸卽死 變身卽生
안 일 즉 사 변 신 즉 생

변화를 느끼는 자만이 살아남는다.

효율적인 개혁 방향

혁신은 어디부터 해야 하나

공무원의 수는 어째서 자꾸 늘어나는 걸까? 어떤 일을 수행할 때 시간은 아무리 많아도 남아도는 법이 없다. '백수가 더 바쁘다'라는 속담이 그 좋은 예이다.

어떤 의사결정 사항에 있어서 찬성파와 반대파의 대립 속에서 절대 양보가 불가능할 때에는 중간파의 의견이 의사결정을 좌우하게 된다. 그런데 이러한 중간파 중에는 귀가 멀어서 듣지 못하는 친구, 아무리 노력해도 무슨 소리인지 이해를 못하는 친구들도 있어서 의사결정에 문제를 가져오게 된다.

각료 또는 위원회의 구성원 수가 21명을 넘으면 그 실권이 위태로워진다고 한다. 내각 구성의 이상적인 인원은 역사학자들에 의해 다섯 명 정도가 알맞은 것으로 밝혀져 있다. 이는 소집하기 편리하고, 두 사람이 결석해도 진행해 나갈 수 있고, 각자 능력을 충분히 발휘할 수도 있고, 기밀이 유지될 수도 있고, 일도 신속히 처리할 수 있기 때문이다.

원시적인 구성에서 우선 생각할 수 있는 다섯 명의 역할은 재무(財務), 외무(外務), 방위(防衛), 법무(法務)를 분담하는 것이다. 그리고 이들 중에 아무것도 담당할 능력이 없는 사람은 의장(議長) 또는 수상(首相)이 된다.

이것은 '파키슨 법칙'에 나오는 이야기이다.

우리는 개혁을 멀리서 찾으려고 해서는 안 된다. 내 주위에 흩어져 있는 쉽고도 금방 할 수 있는 것부터 바꾸어 나가는 것이 개혁이다. 우선 의식 개혁부터 생각해 보자. 세상에서 제일 쉬울 것 같이 보이는 것이 바로 '자기와의 약속'이다. 왜냐하면 자신과의 약속은 내 마음대로 하면 될 것 같기 때문이다. 우리는 이 약속을 흔히 '결심'이라고 한다.

언젠가 내 친구가 담배를 끊었다고 했다. 그래서 내가 언제부터 끊었느냐고 물었더니 날짜는 잘 모르지만 꽤 오래전부터 안 피우고 있다고 했다. 나는 친구에게 그것은 담배를 끊은 것이 아니고 잠시 안 피우는 것이라고 말했다. 담배를 끊는 것은 자기와의 약속이다. 자기와의 약속은 그 시간과 장소가 중요하다. 언제 끊었는지도 모르는 금연은 금연이 아니다. 많은 사람이 금연을 매년 목표로 정하고 며칠을 못 넘긴다. 왜냐하면 세상에서 가장 어려운 일이 자신과의 싸움이며, 개혁은 자기 혁신에서부터 시작되기 때문이다.

요즘 서점에 가면 가장 많이 나와 있는 신간 서적이 경영 혁신과 자기 계발 관련 서적이다. 불황일수록 취업은 치열해지고 사회는 각박해진다. 그럴수록 많은 사람들이 경쟁에서 자신을 차별화하기 위하여 자격증을 취득하거나 다양한 경험을 통해 스펙을 쌓으려 한다. 그러나 내가 하는 방법은 다른 사람도 똑같이 한다는 사실을 간과하고 있다.

자신을 차별화 한다는 것은
상대가 있는 것이 아니다.
오로지 자신만을 변화시키는 것이다.

이것은 상대평가가 아니라 절대평가와 같은 것이다. 인생을 살아가는데 장기적인 관점에서 보면 지식은 그리 중요한 요소가 아니다. 그보다 더 중요한 것은 지식을 통해 지혜를 얻는 것이다.

지식이 단순히 크기만을 가진 '스칼라(scalar)'에 비유할 수 있다면, 지혜는 거기에 방향을 더한 '벡터(vector)'와 같다. 개혁은 이상적이어서는 안 된다. 그리고 자신의 그릇만큼만 해야 한다. 분에 넘치는 지식은 오히려 독이 된다.

"너 자신을 알라!"

소크라테스의 이 간단한 한마디가 개혁의 방향을 잘 알려주고 있다.

혁신의 걸림돌

이기주의

· 남을 밟아야 내가 생존할 수 있다는 그릇된 경쟁심

· 자기 영역을 구축하고자 동료나 후배에게 기술을 가르쳐 주지 않는 행위

· 편 가르기, 힘 겨루기로 조직 내 갈등

· 나의 일이 아니면 거들떠보지 않는 성향

· 책임지지 않으려는 회피성 업무 처리

권위주의

· 상위 계층의 언행 불일치, 솔선수범 부족

· 충언 · 직언을 할 수 없는 분위기, 예스맨의 양산

· 관리층의 조로 현상

· 규정 · 규범을 지키지 않는 경영자와 관리자

· 부당한 지시

정보 불통

· 상하 간의 의사소통 부족, 일방적 상명하달(Top Down)형 지시

· 부서 간 정보 공유 미흡, 각 부서 따로따로 정보 소유

· 암묵(자기만 아는) 지식 80%, 형식(타인에게 주는) 지식 20%

시대와 공간을 초월한 표준화

표준화로 개발 기간을 단축하라
고객 지향의 표준화가 필요하다

역사의 발전은 어떻게 이루어지는가? 최근 10년의 과학 발전이 과거 100년보다 더 크게 이루어졌다고 한다. 매년 메모리 반도체는 그 용량이 두 배씩 커지고 있다. 반도체는 일 년 반마다 그 용량이 두 배로 증가한다는 '무어의 법칙'이 산업계에서 교과서의 공리처럼 잘 알려진 규칙이었다. 그런데 삼성반도체가 그 규칙을 깨고 기간을 50%나 단축한 매 일 년마다 용량이 두 배로 증가하는 '황의 법칙'을 어떻게 탄생시켰을까?

내용은 알고 보면 대단히 간단하다. 마치 콜럼버스의 달걀처럼 굉장히 쉬운 일이다. 삼성은 메모리 반도체팀을 처음부터 두 팀으로 나누어 운영했다. 그리고 한 팀이 2메가를 개발할 때 동시에 다른 팀은 4메가를 연구했다. 그리고 두 팀은 번갈아 가며 8메가 팀, 16메가 팀으로 전환되며 운영되었다. 처음에는 개발에 어려움이 많았겠지만 양 팀의 기술에 대한 공유와 정보 교환으로 서로는 개발시간을 단축하는 데에 대단한 효과를 보았으며, 반도체가 타이밍 사업이라는 점에서 큰 성공을 가져왔다.

표준화는 개발 기간 단축에 대단히 효과적이다.

설계 표준화는 그동안 아날로그적 설계 방식에서 반도체 개발의 확장과 더불어 획기적인 개선이었다. 설계 표준화는 처음에는 회로의 블록 설계에서 시작되었지만, 이후 부품의 공용화로 발전하여 제품의 단가를 낮추고 A/S의 편리성까지 확장되는 이중의 효과를 가져다 주었다.

요즈음은 핸드폰이 대세다. 취학 전 아동을 제외하고는 전 국민이 한 대씩 가지고 있는 것 같다. 그런데 핸드폰 사용시에 가장 불편한 것이 무엇일까? 대부분 사람들은 사용 편리성이나 기능의 다양성을 말한다. 가장 불편한 것은 배터리 수명이라고 생각한다. 하지만 나는 조금 다른 각도에서 볼 때, 많은 사람들이 통화하다가 배터리 부족으로 곤란을 겪은 적이 있을 것이다. 그뿐만 아니라 핸드폰을 교체하면 배터리 모양도 바뀌어 못쓰게 된다. 국가나 인류 차원에서 보면 정말로 엄청난 자원의 낭비이자 환경 파괴다.

그런데 왜 국가와 국제사회는
핸드폰의 배터리를 통일하지 못할까?

표준화는 개인이나 회사의 이익에 앞서 국가와 인류의 발전을 추구해야 한다. 기술력의 차이는 다른 곳에서 얼마든지 경쟁할 수 있다.

생각이 운명을 바꾼다

새로운 사고로의 전환

신사고의 개념을 이해하라

세상은 내가 보는 대로 있다. 그것이 비록 지식이나 경험에서 온다고는 하지만, 내가 머릿속으로 생각하고 마음으로 느끼는 것만 보이고, 또 보이는 것만이 존재한다.

그러나 우리는 너무나 많은 것들을 생각 없이 지나치며 느끼지도 보지도 못하고 있다. 수많은 아름다운 자연의 모습, 주위에서 일어나는 훈훈한 이야기들을 우리는 너무나 무심히 흘려버린다. 대신에 우린 너무 슬픈 것들에 귀 기울이며 살아간다. 너무나 추한 것들만 보고 마음 아파한다. 그리고 좌절하고 스스로를 자학하고 자포자기하기에 이른다. 하지만 세상이 원래부터 어려운 것은 아니다. 어렵게 보기 때문에 어려운 것이다. 그렇다고 물론 쉬운 것은 더더욱 아니다.

긍정적 사고를 기르자.

나는 내가 어떻게 보느냐에 따라 세상이 달라진다는 것을 수많은 시행착오를 통하여 깨달았다. 모두가 잘 알고 있는 쉬운 예를 하나 들어 보자. 탁자 위에 있는 반 잔의 물을 보고 반밖에 안 남았다고 불평하는 사람이 있는가 하면, 아직 반이나 남았다고 생각하는 여유로운 사람이 있다. 보기에 따라서는 생각을 바꾸는 것이 굉장히 간단한 것처럼 보인다. 그러나 단순하고 쉽게 보이는 이것이 성공의 기본이다.

한 가지 예를 더 들어 보자. 신발 사업을 하는 회사에서 두 명의 영업사원을 아프리카 오지에 출장을 보냈다. 며칠 후 한 영업사원에게서 연락이 왔다.

"사장님, 죄송합니다,
이 나라는 사업 진출을 포기해야 할 것 같습니다.
이곳은 한 사람도 신발을 신은 사람이 없습니다."

그리고 곧이어 다른 영업사원에게서도 연락이 왔다.

"사장님, 기뻐하십시오.
우리 회사는 이제 대박 났습니다.
이 나라는 신발을 신은 사람이 한 사람도 없습니다."

세상은 내가 보는 것만큼만 존재한다. 그러나 생각이 보이는 것을 바꿀 수 있다는 사실을 알아야 한다. 세상은 내가 보는 대로 있다. 그러나 그것을 어떻게 보느냐 하는 것은 오로지 자신만의 몫이다.

발상의 전환

생각이 바뀌면

태도가 바뀌고

태도가 바뀌면

행동이 바뀌고

행동이 바뀌면

습관이 바뀌고

습관이 바뀌면

인격이 바뀌고

인격이 바뀌면

운명이 바뀌고

운명이 바뀌면

인생이 바뀐다

변하지 않는 진리

자연에 순응하는 동물의 왕국

요즈음 나는 자주 고전과 다큐멘터리를 보고 있다. TV에서 보는 역사물이나 다큐멘터리를 보면 마치 현실 세계와 어찌나 똑같은지 놀랍다. 그뿐만 아니라 다큐멘터리에서 보는 동물의 왕국은 동서고금을 통해 진리는 변하지 않는다는 것을 상당히 잘 표현해 주고 있다.

카멜레온은 주위의 환경에 따라 자신의 몸을 변화시켜 보호색을 바꾼다. 생존을 위한 자신의 오랜 경험으로 자연과 몸을 일치시켜 자연에 적응하도록 변화시키는 것이다. 그것은 아마도 오랫동안 환경에 순응하며 진화한 결과라고 생각된다.

얼마 전 공룡시대에 대한 프로그램을 보았다. 우리는 흔히 우주에서 날아온 운석과 지구와의 충돌이 지구 환경의 변화를 가져오고, 수억년 동안 지구를 지배했던 거대한 몸집의 공룡을 한 순간에 멸망케 했다고 알고 있다. 그러나 공룡의 멸망은 단순히 운석과의 충돌에서 일어난 충격 때문이 아니다. 충돌 후에 거대한 몸집에 따른 먹이 부족과 더불어 조류처럼 알을 통해 종족 번식을 하는 데 문제가 있었다고 한다. 왜냐하면 알을 낳아 품고 있는 동안 적이나 자연 재해로부터 도피가 불가능했기 때문이다. 그런데 일부 동물들은 몸집을 줄이고 알 대신 포유류처럼 이동하면서 새끼를 낳는 진화를 통해 살아남았다.

기업도 사회 환경이라는 자연에 순응하기 위해서는 마찬가지라고 본다. 끊임없이 환경에 맞추어 변화하고 개혁하지 않으면 도태될 수밖에 없다. 삼성경제연구소에 따르면 최근 30년간 세계 100대 기업의 생존율은 38%에 그친다. 미국과 일본의 경우 20% 초반으로 하락한다. 다만 유럽의 일부 기업들이 100년, 200년 전통을 가지고 살아남는데, 이는 나름대로의 기업의 전통과 사회 변화에 순응하는 법을 터득했기 때문이다.

이제 한국도 기업의 역사가 100년에 가까이 가고 있다. 그동안 수많은 기업이 생겨나고 사라지면서 서서히 기업의 전통성을 자리매김하고 있다. 우리는 최근 30년의 한국 기업 역사에서 국내 10대 그룹 안에 드는 대기업들이 외부 환경에 의해 힘없이 무너지는 것을 수없이 보아왔다.

왜 그럴까? 향후 기업이 살아남기 위해서는 자연에 순응하고 진화하는 동물의 세계를 좀 더 연구해 봐야 할 것이다.

고객 만족 경영의 실천 사례

삼성전자 A/S시스템에서 배우자

1980년대 삼성전자는 일본의 마쯔시다, 소니, 도시바 등 선진 기업의 제품을 모방하던 2류 기업에 불과했다. 그런 회사가 불과 20여 년 만에 어떻게 세계 최고의 기업으로 올라섰을까?

나는 그 비결을 가장 가까운 곳에서 본다. 당시 '전자제품' 하면 소니가 단연 최고였다. 기술이나 품질에서 소니를 능가할 회사가 없었기 때문이다. 그래서 국내에서도 조금 돈이 있다 하는 사람의 집에 가면 전부 소니 제품 일색이었다. 그런 시기에 국내에서는 LG전자가 기술을 표방하고 나섰다.

"순간의 선택이 평생을 좌우합니다."

이 광고 카피문구 하나가 마치 국내에서는 LG전자가 기술의 대명사같이 인식되어 삼성전자 영업의 발목을 잡았다. 그러면 당시 삼성전자가 소비자를 사로 잡을 수 있는 것으로 무엇이 남아 있었을까?

기술-품질-서비스

기술과 품질이 일본을 따라갈 수 없는 상황에서 문제는 '서비스'였다. 아무리 좋은 제품이라도 100% 완벽한 제품이 있을 수 없다. 한번 고장 난 제품을 수리하고자 하면 일본 제품은 너무나 불편했다. 고장이 난 부품도 잘 공급이 안 되고 수리하는 데에도 많은 시간과 돈이 들었다.

그래서 삼성전자는 서비스 부서를 확충하고 부품이 없으면 제품으로 맞교환해 주는 등 타 회사와의 서비스 차별에 전력 투구했다. 물론 그만큼 출혈도 대단히 컸다. 해외에는 각 법인마다 부품 창고를 확장하고 주요 부품에 대해서는 보관 기간을 최대 10년까지 갖고 가는 체제를 만들었다.

삼성전자는 국내에서 '고장신고 접수 후 24시간 내에 수리'라는 당시로는 파격적인 A/S정책을 도입했다. 이런 고객에 대한 마인드는 디지털시대로 오면서 기술의 격차가 없어지자, 곧 소비자의 마음속에 '품질과 서비스의 삼성'을 각인시키게 되었다.
당시 A/S센터나 영업 현장에 붙어 있던 한 장의 표어가 문득 생각난다.

1.고객은 항상 옳다.
2.고객이 옳지 않다고 생각되면 1번을 다시 보라.

PART 4

인재와 경영

열심히 일하면 C급이다

인재는 발굴하는 것이 아니고 키우는 것이다

사람이 경영이다

열심히 일하면 C급이다

조직 문화와 창조적 인간

산요전기 연수 시절 이야기

일본 산요전기에서 연수하던 시절의 일이다. 나는 제조기술 업무를 배우기 위해 일본 군마현에 있는 공장의 PCB조립 라인에서 일을 하게 되었다.

조립 라인은 약 20여 명의 생산직 여사원이 수작업으로 부품을 조립하거나 배선 정형 작업을 하고 있었다. 각 공정에서 작업하는 여사원의 공정 인지도는 무척이나 명확하고 또렷했다.

하루는 나와 라인에서 작업을 같이 하는 여사원에게 그녀의 작업 내용 중에 콘덴서를 삽입하는 작업이 있었는데, 그 전해 콘덴서의 작업 방향이 잘못되면 어떻게 확인할 수 있으냐고 물어보았다. 그녀는 자신이 만일 잘못 작업을 하면 다음 공정 몇 번에서 어떤 형태로 불량이 발생한다는 것을 아주 상세히 나에게 가르쳐 주었다.

그녀는 자신의 공정뿐 아니라 주위 공정에 대한 작업 방법까지도 정확하게 숙지하고 있었다. 그것은 생산기술을 지도하는 나에게 신선한 충격을 안겨 주었다.

훗날 삼성전자에 입사하여 생산 라인에서 비슷한 연수 기회가 있어, 라인에서 근무하는 생산직 여사원에게 동일한 질문을 한 적이 있었다. 그런데 그 대답이 너무나도 대조적이었다.

"반장님이 만들어 준 작업 지시표 대로 하는데요."

그 당시 산요전기와 삼성전자의 작업자들이 가지고 있는 인식 차이가 곧 한국과 일본의 기술력의 차이이자 경제력의 차이다. 자신이 하고 있는 일을 정확히 알고 한다는 것은 매우 당연한 이야기다. 그래야만 일에 대한 개선이 가능하기 때문이다. 남이 시켜서 하는 일도 똑같이 작업을 하면 문제가 발생하지 않는다. 다만 일에 대한 목적을 모르니 문제를 발견할 수 없다. 일에 대한 창조적인 개선 활동은 더욱 기대하기 어렵다.

기회는 균등하게, 평가는 냉정하게

다양한 평가 시스템

상사가 시키는 일만 열심히 한다는 것은 내 기준으로 볼 때에 C급 인력이다. 열심히 일한다는 것은 당연한 일이고, 열심히 일하지 않는 사원이 이상한 것이다.

어느 회사나 마찬가지이겠지만, 삼성전자도 부하직원에 대한 근무평가가 있었다. A, B, C, D, E급으로 나누어지는 5단계 평가에서 기본은 'C급'이다. 그런데 C급의 기준은 무엇일까?

나는 옛날이나 지금이나 평가의 기준을 C급에 두고 C급의 기준을 열심히 일하는 사원으로 정의한다. 그리고 실제적으로 부하 평가를 한다.

한 번은 C급을 받은 부하사원으로부터 항의를 받았다. 본인이 볼 때에는 정말 열심히 일했는데 왜 본인이 C급이냐는 것이다. 나는 그 사원에게 되물었다. 그러면 본인이 생각할 때 우리 조직 속에서 열심히 일을 안 한 사원이 누구인지 말해 보라고 했다.

열심히 일하면

C급이 맞다.

남보다 더 열심히 해야

B급이다.

남보다 열심히 안 한다면

그것은 D급이다.

그것이 내가 사람을 평가한 기준이다. 그러면 A급은? 남이 못하는 일을 해 내는 사람이다. 그렇다면 반대로 E급은?

요즈음은 많은 회사들이 업무 평가를 할 때에 다면평가를 한다고 들었다. 다면평가란, 말 그대로 상사가 부하를 보는 측면과 부하가 상사를 생각하는 측면 외에 동료가 서로를 평가하는 방식이다. 따라서 다면평가를 통하여 자신은 상사나 부하뿐 아니라 동료 간에 비춰지는 인간 관계를 좀 더 폭넓게 평가 받게 된다.

사회생활에서 남에게 내 자신이 어떻게 보이는가는 대단히 중요하다. 아무리 많은 부를 축척한 사람이라고 하더라도 죽음을 앞두고는 후세에 자신이 어떻게 보일까에 전전긍긍한다.

결론적으로 평가는 누구에게나 공정한 잣대와

객관성 있는 논리에 의해 이루어져야 한다.

능력과 의욕

능력과 의욕의 상관관계

타입		중요도	
		고	저
완급	고	Ⅰ 고능력 고의욕	Ⅲ 저능력 고의욕
	저	Ⅱ 고능력 저의욕	Ⅳ 저능력 저의욕

■ 의욕과 능력의 정도는 상호 비례관계이다.
  · 의욕 : 자신감, 헌신도, 동기
  · 능력 : 업무지식, 경험, 기능

■ 의욕과 능력의 양이 높아지면 일반적으로 생산성(업무실적)이 높아지는 추세이나, 많은 외적 요인으로 불규칙하게 굴곡을 이룬다.

■ 의욕과 능력의 양은 불안감의 수준에 따라 높낮이 측정이 가능하다.
  보통은 Ⅰ 〉 Ⅱ 〉 Ⅲ 〉 Ⅳ처럼 보이나 업무 직군에 따라 달라진다.
  · 일반 사무직군 : Ⅰ 〉 Ⅱ 〉 Ⅲ 〉 Ⅳ
  · 단순 노무직군 : Ⅰ 〉 Ⅲ 〉 Ⅱ 〉 Ⅳ
  · 전략 기획직군 : Ⅰ 〉 Ⅱ 〉 Ⅳ 〉 Ⅲ

공정한 절차(Fair Process)

공감대를 형성하라

다음은 〈지식경제에서의 관리방식(Managing in the Knowledge Economy)〉이라는 W. Chan Kim and Renee Mauborgne의 저서에 나오는 이야기이다.

런던의 한 경찰이 불법 회전을 한 여성 운전자에게 딱지를 뗐다. 그 여자는 회전을 금지하는 표시가 없다고 항의했지만, 경찰은 형체가 굽어 있어 알아보기 힘든 표지판을 가리켰다. 그 여자는 화가 나서 법원에 제소하였다. 마침내 재판 날이 되어 그녀는 법정에서 기다렸다는 듯이 자신의 이야기를 하려 했다.

그런데 그 여자가 막 이야기를 시작했을 때 판사가 말을 멈추라고 하더니 그 여자의 승소 판결을 내렸다. 그때 그 여자의 심정은 어떠했을까? 승리감에 도취했을까? 판결에 굉장히 만족스러웠을까?
그녀는 절대로 아니었다고 말한다. 그녀는 화가 났고 매우 불만족스러웠다. "나는 정의를 찾기 위해 여기에 왔다"고 그녀는 불평했다.

그리고 그녀는 말했다.

"그런데 판사는 무슨 일이 일어났던가를 설명할 기회를 주지 않았다."

결과는 좋았으나 그 결과를 이끌어 낸 과정에 그녀는 불만이었던 것이다. 경제학자들은 통상 인간은 자신의 이익을 극대화시키기 위한 합리적인 계산에 의해 움직인다고 가정한다. 즉, 인간은 전적으로 결과에만 관심이 있다고 가정한다.

많은 경영 이론과 경영 관행이 이러한 가정으로부터 출발한다. 예컨대, 경영자들이 직원들의 행동을 조정하고 이들에게 동기부여를 하는데 있어 전통적으로 사용하는 툴 인센티브제도에서부터 조직 구조에까지도 이 가정은 잘 스며들어 있다.

그러나 이 가정은 재검토가 필요하다. 왜냐하면 실제 생활에서 언제나 맞는 것이 아니기 때문이다. 인간은 결과를 중요시한다. 그러나 런던의 그 여성 운전자처럼 결과를 낳는 과정도 중요하다. 자신에게 발언권이 있는가를 알고 싶어 하고, 거절이 되더라도 최소한 자신의 의견이 고려되었는지를 알고 싶어 한다. 결과는 중요하다. 그러나 결과를 낳은 과정의 공정함도 그에 못지않게 중요하다.

공정한 절차가 오늘날처럼 경영자에게 중요한 의미를 가진 적이 없다. 공정한 절차는 생산 중심에서 지식 중심의 경제로 전환하려 하는 회사에서 강력한 경영 도구가 된다. 지식 중심의 경제에서 가치는 주로 새로운 아이디어와 혁신에서 나오게 된다.

공정한 절차는 성과 향상에 중요한 종업원의 태도 및 행동에 많은 영향을 끼친다. 공정한 절차를 통해 신뢰가 구축되고 아이디어가 창출된다. 이를 통해서 경영자는 직원들로부터 자발적인 협조를 얻고 아무리 고통스럽고 어려운 목표라도 성취할 수 있다.

세 가지 원칙

어느 회사에서 임직원들에게 공정한 절차의 장애 요소가 무엇인지를 질문했는데 임원이든 공장의 직원이든 상관없이 모두가 세 가지 원칙을 말하고 있었다.

먼저 '참여(Engagement)'란, 직원들에게 영향을 미칠 의사결정의 과정에 이들을 참여시켜 이들로부터 조언(Input)을 얻고, 서로의 의견이나 가정에 대해 반대 의견을 발표할 기회를 준다는 것을 의미한다. 참여를 통해 경영진은 그들이 직원들 개개인과 직원들의 의견을 존중한다는 것을 보여 줄 수 있다. 서로의 의견이나 가정을 토론하게 함으로써 각자의 사고력을 향상시키고 다수의 의견이 포함되어 좀 더 좋은 아이디어를 이끌어 낼 수 있다. 의사 결정 과정에 참여하여 경영진은 더 좋은 결정을 내릴 수 있고, 또한 결정의 실행에 있어 직원들로부터 적극적인 협조를 확보할 수 있다.

'설명(Explanation)'이란 참여한 사람들과 결정에 영향을 받을 사람들 모두가 그와 같은 최종 결정이 나온 사유를 이해해야 한다는 의미이다. 의사결정의 이면에 깔린 논리를 설명해 주면, 직원들은 의사결정시 그들의 의견이 고려되었고, 회사 전체의 이익을 위해서 공정하게 결정이 내려졌다고 믿게 된다. 설명을 들었을 경우, 직원들은 자신의 의견이 거절되었더라도 의사결정에 내포된 관리자의 의도를 신뢰하게 된다. 이는 또한 학습 효과를 높이는 강력한 피드백 고리가 된다.

'기대의 명확화(Expectation Clarity)'는 일단 결정이 내려지면 관리자는 명확하게 새로운 게임의 규칙을 알려줘야 한다는 의미이다. 기대하는 바가 높을지 몰라도, 직원들은 어떤 기준에 의해서 자신들이 평가되고 잘못했을 경우 어떤 불이익이 돌아오는지를 처음부터 알고 있어야 한다. 새로운 목표는 무엇인가? 누가 무엇을 책임지는가? 공정한 절차를 실행하는 데는 새로운 규칙과 정책 자체가 무엇인가 보다 이 새로운 규칙과 정책이 제대로 명확하게 이해되었는지가 더 중요하다.

자신들로부터 기대되는 바가 무엇인지를 분명히 이해하면 정치적 경쟁이나 편애를 최소화하고 직원들은 각자 업무에 충실할 수 있게 된다.

인재는 발굴하는 것이 아니고
키우는 것이다

기본으로 돌아가라

올바른 기업정신
경영의 기초실력 배양방법

"Back to the Basic!"
기본으로 돌아가라

내가 사업을 시작한 이래 지금까지 가장 가슴속에 새겨 두고 있는 말 중에 하나가 '기본에 충실하라'는 것이다. 동서고금을 막론하고 기본 이 안 된 사람이나 회사나 국가가 성공한 예는 없었다. 한순간 반짝 하고 반딧불처럼 일어날 수는 있다. 그러나 계속해서 그 빛을 유지하 려면 기초가 탄탄해야 한다.

처음 회사에 처음 들어가면 어느 회사든지 신입사원 교육을 하게 된 다. 그 내용은 정리, 정돈, 예의범절 등으로, 회사 생활에 가장 기초 가 되는 상식적인 것부터 교육을 한다. 그것은 처음으로 조직 생활을 경험하는 신입사원을 위해서 회사가 자신의 색깔을 칠하는 가장 기 초 작업이기 때문이다.

우리가 살아가는데 여러 가지 도덕적 · 윤리적인 규범과 규칙이 있지만, 나는 누구나 공감할 수 있는 생활 상식이 곧 기본이라 생각한다. '법은 최소한의 도덕'이라고 했는데, 준법정신 또한 그 맥락을 같이한다. 어떠한 경우에도 탈법을 저질러서는 안 된다.

그리고 무엇보다도 사회 생활에서 가장 기본이 되는 것을 '신의(信義)'라고 본다. 특히 약속은 그 중에서 가장 중요하다. 생활에 쫓기다 보면 남과 약속을 지킨다는 것이 대단히 어렵다는 것은 누구나 다 느끼는 일이다. 특히, 단체 생활에서 남에게 도움을 주지는 못할 지라도 폐는 끼치지 말아야 하는데, 우리는 오랜 습관에 젖어 자신도 모르는 사이에 남에게 폐를 끼치는 경우가 종종 있다.

약속에는 금연, 금주 등 '자기 자신과의 약속', 정시 귀가, 집안일 돕기 등 '가족 간의 약속', 회사 업무나 주위의 친 · 인척, 지인 등 '타인과의 약속' 등 여러 종류의 약속이 있다. 하지만 그 중에서도 무엇보다도 중요한 것은 바로 단체 생활에서의 시간 약속이다.

만일 몇몇 사람이 천 명의 단체 생활에서 한 시간이 늦었다면, 또 몇몇 사람들로 인하여 그 집단 사람들이 한 시간을 허송세월 보냈다면, 전체로 보면 천 시간 다시 계산하면 42일이 된다. 즉, 한 사람이 한 시간 늦음으로 인하여 전체적으로는 한 달 열 하루라는 어마어마한 시간을 헛되이 보낸 것이 된다. 내 시간이 정말로 중하다면 남의 시간도 똑같이 중요하다는 것을 우리는 절실히 깨달아야 한다.

약속 시간보다 5분 먼저 장소에 나가
준비하고 기다리는 시간 관리야말로
생활의 기본이다.

백지에 그림을 그린다

신입사원과 경력 사원

의심 나는 사람은 쓰지를 말고, 쓴 사람은 의심하지 마라.

이 말은 삼성의 선대 이병철 회장이 한 말로, 삼성그룹 채용 인사의 기본 방침으로 되어 있는 명언이다.

내가 사업을 하면서 한 가지 아쉬운 점이 있다면, 가장 먼저 깨달았어야 할 인사 기본을 제대로 깨닫지 못한 것이다. 먼저 사람을 의심할 줄 몰랐고, 의심 나는 사람을 제대로 지적하지 못했다. 그래서 사업적으로나 경제적으로 너무나 많은 손해를 보고 수많은 고민을 하고 나서야 사람을 채용하는 것이 얼마나 어려운 일인가를 깨달았다.

사실 과거 몇몇 기업들이 사람을 잘못 채용하여 회사가 파산한 것을 매스컴에서 보면서도 피부로는 직접 와 닿지 않았다. 수 년 전 모 그룹 회장은 경영 참모를 잘못 두는 바람에 자살을 하면서 유서에 그 참모에게 '먼저 사람이 되라'고까지 했다고 한다.

인사의 기본은 나의 코드와 채용한 사람의 코드를 맞추는 일이다. 그리고 채용한 사람은 그의 능력에 따라 대우를 해야 한다.

나는 전부터 사람의 능력은 타고난 것도 있지만, 키우는 것이라는 믿음을 가지고 있었다. 그래서 나와 같이 일을 할 부하 직원은 내 손으로 직접 뽑았고, 뽑은 직원은 직접 OJT를 통해 부하 육성에 힘써 왔다. 그것은 사람마다 갖고 있는 능력의 차이를 한 방향에서 평가하기 어려울 뿐만 아니라 누구 밑에서 교육을 받았느냐도 중요한 요소로 작용하기 때문이다.

한 예로 단순직인 서무 여사원의 경우는 경력을 가진 여사원보다 오히려 신입 여사원을 뽑아 직접 OJT를 통해 업무를 시키는 것이 어떤 면에서는 더 좋을 수도 있다는 생각이다.

남의 밑에서 잘못 배운 습관을 고쳐서 내 방식에 맞추기보다는 오히려 내가 직접 가르치는 것이 더 효율적이기 때문이다. 마치 그림을 그릴 때 색종이에 그림을 그리기보다 백지에 그리는 것이 내가 원하는 색깔을 맞추기에 낫다는 이치와도 같다.

사람을 적시적소에 배치하고 활용한다는 것은 대단히 어려운 일이다. 오랜 세월 동안 같이 지낸 부부간에도 서로의 속내를 알기가 어려운데, 하물며 자라온 환경과 교육과 경험의 수준이 다른 사람의 속내를 집어 내기란 불가능한 일이다.

그럼에도 불구하고 인재를 발굴하고 그 사람이 일하고 싶은 의욕과 열정을 통해 잠재된 능력을 최대한 발휘하게 하는 것이야말로 상사로서 최상의 인재를 육성하는 것이라고 나는 확신한다.

바람직한 인재상

인재(人才) 포트폴리오 전략

기업은 사람이다. 인(人), 물(物), 금(金), 정보(情報)로 요약되는 경영 자원의 근간은 모두 사람에게 귀착된다. 사람이야말로 부가가치를 창조하는 원천이기 때문이다. 인재 포트폴리오 전략에서는 인적자원을 공헌도와 적성 능력의 두 축으로 하여 다음과 같이 네 가지로 분류한다.

人材 업적은 없으나 장래가 기대되는 신입사원	**人財** 과거 업적이 크고 장래성이 큰 간부나 중역
人在 업적이나 성장 가능성이 없는 사원이나 간부	**人齎** 과거 업적은 있으나 장래성이 없는 사원과 간부

적성능력

공헌도(업적평가)

글로벌 시대를 대비한 지식 경영

기업 경쟁력을 다져라

기업 경영에 있어서 지속 가능한 '경쟁우위 요소'는 무엇일까? 나는 그것을 그 기업이 보유하고 있는 차별적인 '핵심 역량'이라고 단언한다. 예컨대 그것은 어떤 기업에게는 신제품 개발과 관련된 핵심 기술일 수도 있고, 또 다른 기업에게는 마케팅 역량일 수도 있다.

그러나 궁극적으로 이러한 역량의 근간을 이루는 것은 바로 그 조직 구성원들과 조직 속에서 알게 모르게 축적되고 체질화된 노하우, 관행, 지식이다.

사실 그동안 무엇이 기업에게 경쟁력을 가져다주는가에 대해 많은 전략 대안이 제시되어 왔다. 시대적으로 환경이나 기술의 변화에 의해 기업의 핵심 경쟁력은 생산기술, 품질경영, 고객만족 경영, 스피드 경영, 디자인 경영, 그리고 최근에는 창조 경영까지 다양한 경영 전략이 쏟아져 나왔지만, 정작 이 같은 아이디어의 내용, 즉 지식에 대한 논의는 그리 많지 않다.

그러나 심화되는 경쟁 속에서 최근 지속 가능하고, 모방이 곤란한 경쟁 우위의 원천으로,

무엇을 알고 있는가?
알고 있는 것을 어떻게 활용하는가?
새로운 것을 어떻게 빨리 알 수 있는가?

등 지식 관련 요인들이 제기되고 있다.

21세기를 '정보화 시대'로 의미를 부여하지 않더라도 이미 현재 기업은 그 기업의 물리적 보유 자산이 아닌 역량, 즉 지식 가치로 평가되고 있다. 시장에서 기꺼이 지불하고자 하는 기업 가치의 초과 분량은 바로 그 기업의 지식 가치, 자산의 반영이라고 볼 수 있다. 지식 경영을 한다는 것은 이처럼 경쟁력의 근간을 구성하는 기본요소인

1. 지식을 조직 내에 축적 · 개발하고,
2. 모든 필요한 구성원들에게 효율적으로 공유 · 전파하며,
3. 여러 지식 체제들을 적절히 통합하고,
4. 제대로 활용하도록 장려하는 것이다.

궁극적으로 이를 뒷받침할 수 있는 제도적 장치나 인프라를 마련하는 것이라 할 수 있다. 이러한 지식 경영을 통해 기업 조직은 일반적으로 경쟁력 확보를 위해 다음과 같은 효과를 도모할 수 있다.

1. 좀 더 빨리 제품혁신을 가능하게 하고,
2. 중복 노력의 낭비를 줄일 수 있으며,
3. 연구 개발 등과 같은 지식 창조 작업의 비용을 줄일 수 있으며,
4. 구성원의 능력 개발과 발휘를 통해 만족도를 높일 수 있다.

그러면 지식 경영은 어떤 기업에서 필요한가? 물론 전문적 지식정보로 구성된 서비스 상품을 제공하는 기업에서는 지식이 곧 상품이고 차별화된 경쟁력이기 때문에 절대적이라고 할 수 있다.

모 컨설팅 회사의 경우를 예로 들면, 이 회사는 24시간 운영되는 데이터 베이스로서 조직 내 지식 체제와 지식 원천을 망라한 'Knowledge On-Line'을 통해 지식 경영의 효과를 극대화하고 있다.

이 회사는 이 시스템을 세 가지 차원에서 활용하고 있는데, 첫째, 회사에 입사한 지 일 년 내외의 경험을 가진 컨설턴트들에게 기초적인 컨설팅 기술을 배양토록 해주는 교육용 도구로서 활용하고 있다.

그리고 둘째, 숙련된 컨설턴트들에 대해 정보 기술 등과 같은 기능 지식과 표준화된 방법론을 제공하는 저장소로서의 기능을 하며, 마지막으로 고위 파트너들의 새로운 전략적 사고를 개발하는 수단으로 활용한다.

그러나 이러한 지식 경영이 지식에 기초한 서비스 상품을 제공하는

기업에게만 필요한 것은 아니다. 제조업, 특히 첨단 기술에 기초한 제품을 제조·판매하는 하이테크형 제조업체는 고객 요구를 창출하고 이에 대응할 수 있는 핵심기술이나 지식이 제품 안에 있기 때문에 지식을 관리하고 활용하는 데 중점을 두어야 한다.

특히 특허 등 차별적인 경쟁력과 직결되는 지식 체제의 창출, 공유, 통합을 통한 전략적 활용과 체계적 관리는 신제품 개발의 질, 비용, 스피드를 결정하는 가장 중요한 요소이다. 그리고 이를 통해 지식 그 자체를 훌륭한 수익원으로 활용할 수도 있다.

사람이 경영이다

먼저 사람이 되라

의주상인 임상옥

"사람이 곧 경영이다."

이 말은 내가 삼성에 입사해서 그룹으로부터 가장 감명받은 말이다. 중간 관리자로 승진하여 관리자 교육을 들어갔을 때에 관리자의 역할에 관한 책자를 받았는데, 그 책의 제목이 〈사람이 곧 경영이다〉였다. 아주 쉽고 익숙한 단어인 '사람'과 '경영'으로 이루어진 이 문구가 먼 훗날인 내가 사업을 시작한 후에야 가장 어려운 말인 줄 깨닫게 되었다.

몇 년 전 TV(드라마)에서 〈상도〉라는 드라마가 방영되었다. 조선 순조 때 의주상인으로 이름을 떨친 거상 임상옥에 대한 이야기를 소재로 드라마로 제작한 것이었는데, 매우 재미있어 나는 드라마가 종영된 후에도 케이블TV에서 재방송을 몇 차례 계속할 때마다 보고 또 보며 그 내용을 음미하였고 심지어는 책도 사서 읽었다.

〈상도〉에서 말하는 '상인 정신'은 무엇일까? 나는 그 키워드를 한마디로 "장사는 이문을 남기는 것이 아니라 사람을 남기는 것이다."라는 말에서 찾고 싶다.

〈상도〉는 대한민국 초유의 IMF 경제위기 사태 이후에 그 어느 때보다도 기업인들의 윤리 의식과 상도덕이 요구되는 시점에서, 조선 시대 최고의 거부이자 무역상으로 당시 모든 상인들로부터 존경을 받았던 순조 때의 거상 임상옥의 일대기를 통해 바람직한 기업인의 표상을 제시했다고 본다.

임상옥은 당시의 미천한 신분의 장돌뱅이였다. 그는 우여곡절 끝에 상인으로 크게 성공한 이후, 나라의 부름을 받고 3품 벼슬인 고위 관직에 오르는 등 극적이고 변화무쌍했던 일생을 보냈다.

또한 그가 추구했던 상도 정신과 재테크 기술로, 말년에는 자신의 모든 재산을 사회에 환원함으로써 그의 상인 정신을 통해 진정한 경제 정의가 무엇인가를 몸소 실천함과 동시에 후세에 널리 귀감이 되었다.

그러면 과연 〈상도〉에서는 임상옥을 통하여 무엇을 이야기하고자 하였을까? 거상 임상옥은 자신의 평생 스승인 석숭 스님의 세 가지 비밀 주머니를 통하여 우리에게 인생을 살아가는 세 가지 교훈을 주었다.

그 첫 번째가 '사(死)'다.

다시 말하면, '생즉사 사즉생(生卽死 死卽生)'이다. 무릇 살려고 발버둥치는 자는 죽고, 죽기를 각오로 일에 매진하는 자는 살 수 있다는 말이다. 임상옥은 중국과의 인삼 교역을 통하여 일을 처리할 때마다 최선을 다하는 것만이 살 길이라는 교훈을 주었다.

두 번째가 '정(鼎)'이다.

'정(鼎)'은 솥 단지의 세 개의 다리이다. 이것은 곧 '균형(均衡)'을 말하는 것이다. 거상 임상옥은 말년에 유언과 같은 말로 다음과 같은 글을 남겼다.

재상여평수(財上平如水)
인중직사형(人中直似衡)
재물은 평등하기가 흐르는 물과 같고
사람은 바르기가 저울과 같다.

균형이란 삼발이 화로의 세 발과도 같다. 셋 중에 그 어느 하나가 없다면 화로는 쓰러지고 그 안의 불은 쏟아져 큰 화를 입게 된다. 인생도 마찬가지다. 임상옥은 홍경래의 난을 통하여 권력과 명예와 재물이라는 인간의 세 가지 탐욕 속에서 균형을 생각했다. 균형이란 대단히 어려운 말이다. 나는 지난 세월 속에서 상도를 통해 권력과 명예와 재물의 균형 있는 조화를 되새겨 본다.

세 번째가 '계영배(戒盈杯)의 비밀'이다.

'계영배'라는 술잔은 조선시대 우명옥이라는 사람이 만들었다고 전해진다. 이것은 경계할 계(戒)자와 찰 영(盈)자의 이름이 뜻하는 그대로 '술이 가득 차는 것을 경계하는 잔'을 말한다. 이 잔은 7할 이상 술을 따르게 되면 술이 한 방울도 남지 않고 아래로 쏟아져 내려오도록 만들어졌다. 이 잔을 통해 욕심이 지나치면 모든 것을 잃게 된다는 것을 일깨워 주는 셈이다.

"넘침을 경계하라!"

이 잔이 뜻하는 것이야말로 우리가 일상생활에서 가장 가슴 깊이 새겨야 할 부분이라고 생각한다.

의식 개혁의 중요성

약속, 신의, 문제 의식

사람은 사회적 동물이다.

가장 상식적인 이 말이 의미하는 것은 무엇일까? 나는 이것을 상대방
에서 찾고자 한다.

요즘 들어 특히 느끼는 것이 사회가 복잡해지고 다양해지면서 상대
방에 대한 배려와 생각이 무너지고 있다. 사업의 시작은 신뢰에서 시
작된다. 그리고 그 신뢰는 내가 쌓는 것이 아니고 상대방이 쌓아 주
는 것이다.

내가 가장 중요하게 여기는 것이 약속이다. 그중에서도 시간 약속은
무엇보다도 중히 여긴다. 담배를 끊는다, 운동을 한다, 책을 읽는다와
같은 자기와의 약속은 지키지 못해도 남에게 피해를 끼치지 않는다.
그런데 시간 약속은 다르다. 시간 약속은 지키지 못하면 상대방의 시
간을 빼앗는 것이다. 과장해서 말하면 남의 인생을 소비하는 것이다.

문제는 보통은 시간 약속을 지키지 못한 것에 대한 죄의식이 없다는 것이다. 불가피하게 늦었지만 상대방에게는 별다른 피해가 없다고 생각하는 사고 방식. 그것이 더 큰 문제다.

성공하려면 먼저 약속을 철저히 지켜라!

그리고 그 위에 신뢰를 쌓아야 한다. 어떤 일을 접할 때 항상 문제 의식을 갖고 사물을 보라. 상식을 뒤집어 보는 것도 한 방법이다.

가장 쉬운 것이 가장 어려울 때가 있다.
그것이 바로 내 의지를 시험하는 것이다.

관리자의 역할

바람직한 관리자의 모습

조직은 유기적 생물체와 같다. 따라서 조직을 관리하는 관리자로서 담당하고 있는 팀원의 능력이나 자질을 향상시키고 발전시키기 위해 목표가 명확해야 한다. 부하 사원과의 효율적인 상호 교감을 위한 역할에 대해서는 이미 잘 알고 있겠지만 다시 한 번 정리해 보면, 크게 조언자, 대리인, 선배, 평가자, 내조자의 총 다섯 가지 역할로 나누어 볼 수 있다.

첫째, 부하 사원 능력 육성을 위한 조언자(Counselor)로서, 경력 관리 및 발전적인 안건에 대해 대화를 요청 받을 때는 적극적이고 성실하게 임해야 한다. 다양한 업무 경험의 유익한 점에 대해 조언할 줄 알아야 하며, 자기 계발 계획 작성시 도움을 줄 수 있어야 한다. 그리고 발전의 기회나 새로운 업무를 찾고자 노력하는 부하 사원을 전적으로 지원해 주어야 한다.

둘째, 부하 사원 경력 관리를 위한 대리인(Agent)으로서 남들보다 돈

보일 수 있는 기회를 제공해야 한다. 기회 창출을 위해 개개인에 대한 정보도 활용해야 한다. 부하 사원이 해답을 찾기 위한 촉매 역할을 해야 하며, 정보를 서로 공유하고, 팀워크를 활용할 수 있도록 유도해야 한다.

셋째, 조직과 개인의 목표를 조율하는 선배(Advisor)로서 조직이 추구하는 목표와 대상을 명확히 명시해 주어야 한다. 개개인의 목표 및 일정 관리가 실질적으로 조직의 목표와 부합될 수 있도록 조율해야 한다. 조직의 공식적인 측면 혹은 비공식적인 측면에 대해 서로 공감대가 형성될 수 있도록, 현재 상황과 조직의 한계를 부하 사원이 이해할 수 있도록 도와주어야 한다. 부하 사원이 성장의 기회를 찾을 수 있도록 독려해야 하며, 조직과 개인의 요구에 부합되는 교육이나 자기계발 기회를 선택할 수 있도록 도와주어야 한다.

넷째, 업무 목표 대비 실적을 평가하는 평가자(Appraiser)로서 태도와 업적에 대해 건설적인 피드백을 해 주어야 한다. 업적 달성 능력과 자기 분석력을 더 증진시킬 수 있도록 이끌어 주어야 하며, 모든 부하 사원의 발전 가능성을 평가해야 한다.

다섯째, 업무 목표를 달성하기 위한 내조자(Coach)로서 담당 업무에 대한 성취감을 느낄 수 있도록 충분한 지원과 격려를 해 주어야 한다. 통제하는 관리나 감독자가 아니라 명확한 목표와 올바른 업무 수행 방향을 제시해 주는 코치가 되어야 한다.

부하에게 칭찬하는 말

· 자네, 정말 잘하는데!

· 요즘 솜씨가 나는데!

· 최근 몰라볼 만큼 달라졌어.

· 간단한 것 같지만 쉽지 않은 일이었어.

· 끝까지 잘해냈어, 훌륭해!

· 요즘 얼굴이 좋아졌군.

· 좋은 것을 생각해 냈군.

· 그것이 바로 자네의 장점이야.

· 자네라면 좀 더 높은 수준을 바라볼 수 있어.

부하를 질책하는 말

· 언제나 말하듯이······.

· 당신도 알고 있겠지만······.

· 어떻게 된 거야?

· 이유가 있다면 말해 봐요.

· 당신까지도 이런 일을 하다니······.

· 당신이기에 하는 말이야. 잘할 수 있잖아?

· 똑같은 실수는 저지르지 말아야지.

· 일하다 보면 누구나 실수는 하기 마련이지만······.

· 작년에는 이렇지 않았는데, 올해는 왜 이러지?

· 누구보다도 먼저 당신한테 말해 두겠는데······.

시대 변화에 따른 리더십

미래를 경영한다

사업 환경이 변하면 경영 방식에도 변화가 있어야 한다. 과거에는 최고 경영자에게 현안을 해결하는 능력이 강조되었지만, 지금은 미래의 기업 경쟁력을 확보하는 능력이 더욱더 중요하다.

과거의 전통적 경영 방식은 단기 이익 실현과 고도 성장을 추구하면서 상품 고급화, 제조 공정 개선에 기술력을 집중 투자하는 경영 전략이 대세였다. 따라서 기업 전략과 목표에 맞추어 각 부서 기능을 통합하고 조직 구조와 상명하복 명령 체제를 구축하여 환경 변화에 대응하였으며, 저비용 체제, 서비스 제공 신속화를 위한 조직 구축을 통해 중간 관리층으로 권한을 이양하고 타사와의 전략적 제휴나 연대를 모색하여 왔다.

그러나 미래는 불투명한 경영 환경으로 인해 새로운 경영 방식을 취하지 않으면 살아남기 어렵게 되었다.

즉, 미래 경쟁력 확보를 위해 지속적인 변신과 시도가 절실히 요구되기도 하며, 제조업의 경우는 원료 공급, 생산, 분배 등 전 과정에 첨단 기술 도입과 제조 공정 개선 등 기업 역량 배양에 주력하지 않으면 안 되게 되었다.

또한 고객 만족, 종업원 중시, 환경친화적 경영에 총력을 기울여야 하는 등 기업의 사회적 책임이 더욱 중시되는 시대가 왔다.

돌이켜 보면, 지금은 21세기를 맞이한 지도 벌써 10여 년이 훨씬 지났다. 그리고 기업의 경영 환경과 리더십에도 변화의 바람이 불기 시작했다. 과연 새로운 시대에 맞는 진정한 리더십은 무엇일까?

한 예를 들어 보자. 현재 변화와 혁신을 대표하는 제품은 단연 통신업계이다. 세계적 IT기업인 애플은 아이폰과 아이패드로 단숨에 사람들의 라이프 스타일과 문화를 송두리째 바꿔 놨다는 평가를 받고 있다. 그런데 애플의 최고 경영자 스티브 잡스가 사망하자 한동안 애플 주가의 움직임이 심상치 않았다. 주식시장에서 애플의 주가가 곤두박질치면서 스티브 잡스 없는 애플의 미래가 커다란 걱정거리로 떠오르기도 했다. 세계 최고의 경영자로 안팎을 호령하던 한 사람의 경영 공백이 수만 명의 유능한 직원들이 일하고 있는 거대 기업 전체의 근간을 뒤흔든 것이다.

삼성에서는 십수 년 전부터 인사팀에 'S급 인력 확보'라는 새로운 과제를 주었다. 회장 지시로 진행된 이 과제는 '한 명이 십만 명을 먹여 살릴 수 있는 인재 발굴'이라는 초특급 인재 모시기 프로젝트였다. 애플과 스티브 잡스의 사례에서 보듯이 삼성의 'S급 인력 모시기'를 통해 우리는 오늘날 필요한 리더십에 대해서 다시 한 번 생각을 가다듬어야 한다.

향후 미래 경영을 책임지고 이끌어 나갈 '차세대 리더의 조건'을 요약하여 몇 가지만 소개하자면 다음과 같다.

첫째, '무엇'을 할 것인가보다 '왜' 하는지를 생각할 것
둘째, 기술적 기초를 다질 것
셋째, 새로운 실험을 시도할 것
넷째, 후계자를 양성하기 위해 경영 교육에 투자할 것

첫 단추를 끼우는 것이
가장 중요하다

성공하기 위한 창업 조건

벤처기업의 성공 요인과 실패 요인

1998년 10월, 한국에 불어 닥친 IMF 경제위기의 소용돌이 속에서 삼성전자도 구조조정으로 어수선하기만 했다. 노조가 없는 삼성그룹은 명예퇴직만으로 20% 이상 되는 인력을 구조조정하기에는 너무나 어려운 여건이었다. 그룹 내에서는 '사오정'이라는 말이 공공연히 나돌고 있었지만, 실제로 자진해서 명예퇴직을 신청하지 않으면 구조조정할 방법이 없었다.

이때 회사가 내놓은 아이디어가 사업부 정리를 통한 구조조정이었다. 그 당시 규모로 연 매출 약 100억 원 미만의 사업은 사원들에게 지분을 주어 분사를 시켜 사업을 분리한다는 내용이었는데, 의외로 반응이 좋았다.

상품기획센터는 회장님의 지시에 의해 테이프 레코더를 대신할 차세대 오디오 제품인 디지털 레코더를 연구하고 있었다. 그런데 당시 경영층에서 보는 시장 규모로 보아 도입기 제품인 디지털 레코더 제품에 대한 그룹의 관심은 전혀 없었다.

상품기획센터 역시 구조조정을 하면서 디지털 레코더 개발팀을 분사 대상으로 검토하기로 했다. 먼저 타임머신팀에서 개발에 참여한 인원을 중심으로 의견을 수렴한 결과, 분사에 긍정적이었다. 다만 분사팀을 이끌 팀장이 문제였다. 당시 팀장은 분사를 통한 사업 성공에 회의적인 생각이 강했다.

나는 과거 오디오 사업부의 경험상으로 이 제품이 향후 테이프 레코더를 대신할 제품이라는 것을 확신했다. 당시 오디오 시장은 소니의 워크맨과 그 후 나온 CD플레이어가 혼재되어 있었고, 그 시장 규모는 음악과 교육을 합하여 전 세계적으로 약 2조 원에 달하는 거대한 시장이었다.

나는 분사에 관심을 갖고 계획을 추진하며 분사 조건을 정리해 나갔다.

첫 번째, 분사하는 사원은 명예퇴직으로 처리하고, 일반 명예퇴직자와 같은 조건인 3년치 기본급을 일시불로 받는다.

두 번째, 분사 회사의 주식은 삼성전자가 보광창투를 통해 20%를 갖고, 제품의 브랜드는 '삼성'을 3년간 사용하되 브랜드 로열티를 내는 것으로 한다.

세 번째, 그동안 타임머신팀이 개발한 기술 및 금형 등에 대한 무상 사용권과 개발에 관련된 장비 및 부품을 잔존가에 인수한다

네 번째, 향후 분사 회사는 디자인과 기술 개발, 품질 관리만 전담하고 생산은 외주, 판매는 삼성과 총판을 두고 직접 유통을 관장한다.

시장에서 '몰래 녹음기'로 알려진 삼성 '보이스펜'의 분사는 전례 없는 회사의 파격적인 조건과 주위 상사, 동료, 부하들의 도움 속에서 완성되었다. 그리고 당시 벤처 기업의 성공 요건과 상당히 닮은 모델로 자리 잡았다.

벤처기업의 성공과 실패

■ **성공요인**

1. 확실한 사업 아이템 선정
① 수익성과 성장성이 기대되는 확실한 사업 아이템의 선정
② 향후 기술 발전 방향과 일치되는 아이템
    미래 산업 – 반도체 성장을 예측하고 계측장비 사업에 주력

2. 조직원 결속력
① 사업에 대한 조직원의 일치 단결된 사고
② 조직원들의 강한 목표의식과 신념
    테헤란밸리 벤처 신화 – 불이 꺼지지 않는 벤처 타운 형성

3. 틈새시장 공략
① 대기업이 진출하기 어려운 틈새시장 공략
② 대기업의 사업 동향 분석
    유행에 민감한 패션 가전제품의 발 빠른 중소기업 진출 – MP3
    전통적 조직 구조에서 벗어난 게임, 인터넷 분야 – 리니지

4. 스피드 경영 실천
① 시간 중심 경영(TIME BASED MANAGMENT)을 통한 급변하는 경영 환경, 시장 환경 대응

· 먼저 시작(기회 선점): 미래 유망 상품 조기 발굴, 선행 투자 사례)

　마케팅 불변의 법칙 중 선도자의 법칙

· 빨리 처리(시간 단축): 신속한 의사 결정, 프로세스 단축

　반도체 개발 – 삼성 황창규 사장의 '황의 법칙'

· 제때 공급(타이밍): 납기 준수, 필요한 시기에 필요한 양만큼

　Just in time(일명: 도요타 간판 방식)

5. 외부 자원의 적극적 활용

① 경영 자원 중 가장 강점인 부분에 집중 투자

② 아웃 소싱을 통해 서로에게 이익이 되도록 유도

　삼성전자 수원 연구 단지 – 과거 '생산 단지'에서 '연구 단지'로 변신

6. 카리스마적 창업자

① 성취 의욕이 높고 기술적 안목과 리더십이 강한 창업자

② 창업자의 비전과 카리스마가 성패의 결정적 요소

■ 실패 원인

1. 상업성이 결여된 사업 아이템

① 막연한 아이디어 수준 사업 아이템

② 평범하거나 실현 불가능한 기술력

　순간 냉맥주 캔 – KTB

2. 초기 성공으로 자만하여 무리한 사업 확장

① 전문 분야가 아닌 타 사업으로의 진출

② M&A를 통한 관계사 확장

　　메디슨 – 의료기기 전문 기업에서 문어발식 기업 확장

3. 1인 경영 체제

① 조직이 아닌 개인 능력에 의존한 구멍가게식 경영

② 관리 시스템 부재

4. 조직의 비대화

① 기획에서 생산, 판매까지 일원화

② 자회사를 통한 조직 확장

5. 조직원의 분열

① 갑자기 찾아온 부(富)

② 창업 임직원과 공·특채 임직원과의 갈등

　　새롬기술 – 모뎀 패키지(다이얼 패드) 등

생활 속에서 사업을 찾아라

첨단 사업만이 살길이 아니다
가전은 인류와 함께하는 필수 사업

1990년도 초에 삼성전자는 가전 부문을 중심으로 반도체 부문, 정보통신 부문, 컴퓨터 부문의 4개 부문 사업본부 체제로 조직을 개편했다. 그리고 4개 부문을 총괄하는 종합기획실이라는 것을 신설하였는데 나는 종합기획실로 발령을 받아 기술기획팀에서 근무하게 되었다. 그때, 삼성전자 강진구 회장의 지시로 성균관 대학교 산업공학과 권철신 교수에게서 삼성전자의 문제점을 경영 진단을 받은 적이 있었다. 나는 권 교수를 일 년 동안 보필하여 4개 부문의 현장 점검과 아울러 현장의 문제점 정리와 대책에 대한 보고서를 작성하는 T/F팀을 맡게 되었다.

서로 이질적인 성격을 가진 사업체의 물리적 통합으로 시작된 전자 부문의 조직은 한마디로 각 사업체가 독불 장군이었다. 보고서에도 언급된 것으로 기억하는데, 특히 새롭게 뜨는 반도체 사업본부이나 정보통신 사업본부와 미래 산업으로 인큐베이팅하려는 컴퓨터 사업본부에 비해 상대적으로 기존의 가전 사업본부는 누구나 사양 사업으로 제쳐 두는 분위기였다.

나는 가전 사업본부 소속이었다. 그 중에서도 가장 쇠퇴해 가고 있었던 음향 사업부에서 회사생활을 시작하였다. 그리고 이러한 가전 사업본부의 문제점에 대해 권 교수님에게 자문을 구하였다. 권 교수의 대답은 나에게 굉장히 명쾌한 해답이었다.

"인간이 존재하는 한 가전 사업은 없어지지 않는다. 비록 첨단 산업처럼 성장이 엄청나게 크지는 않더라도 최소한 TV, 냉장고, 세탁기가 우리 주위에서 없어지겠느냐? 기술이 발전하면 제품이 복합화되고, 형태에 변화가 올 수는 있겠지만, 기능면에서 오감(五感:시각, 청각, 미각, 후각, 촉각)을 움직이는 제품은 인류와 그 생(生)을 같이 할 것이다."

훗날 내가 '보이스펜'으로 사업을 시작할 때 주위에서 많은 분들이 첨단 IT기술도 아닌 오디오 기술을 가지고 살아남을 수 있겠느냐고 말렸다. 그때 내 첫 대답은 권 교수님의 말씀이었다.

"가전은 사양 사업이 아닌
인류와 함께하는 영원한 필수 사업이다."

이것이 발상의 전환이다.

최근 들어 일본기업들이 중국내에서 백색가전사업을 대폭 강화하고 있다. 히다찌는 냉장고,에어컨 제품들의 현지 생산량을 증가시키고 연구개발센터 확대하는 등 상품구성 다양화를 위해 총력을 기울이고 있으며, 자가 브랜드 이미지 제고를 통해 마쓰시타, 도시바를 바짝 추격하고 있다.

히타치의 중국시장 백색 가전판매는 그동안 에어컨과 세탁기가 중심이었으나 경쟁이 심화되고 있는 성장시장에서 브랜드 이미지를 높이기 위해 백색 가전의 주력상품인 냉장고를 추가해 상품구성을 다양화하려는 것이다. 보급 기종은 중국 기업들의 가격 경쟁력이 강하기 때문에 이 회사는 고급기종으로 제품을 차별화하고 있다.

또한 중국 가전시장은 마쓰시타 및 도시바가 대형공장 건설에 착수하는 등 고성장이 예상되는 백색가전 분야에서 공세를 강화하고 있어 일본기업들의 격전장이 되고 있다. 히타치는 마쓰시타와 시장점유율 1위를 다투고 있는 컴프레서 등 높은 점유율을 갖고 있는 에어컨 분야를 강화하면서 냉장고와 세탁기 생산·판매 체제를 정비해 중국시장에서 앞서고 있는 마쓰시타, 도시바를 추격한다는 전략이다.

창업보다 어려운 수성

들어갈 때 나올 것을 생각하라

사업과 제품의 라이프 사이클과의 관계

삼성 SERI에서 나온 세종의 〈수성의 리더십〉을 읽은 적이 있다. "세종이 창업보다 어려운 수성을 이루다"라는 이 보고서를 요약해 보면, 세종은 자신의 시대를 수성기(守成期)로 인식하고 있었다.

'수성기'란 '도입-성장-성숙-쇠퇴'라는 순환 구조에서 보면 역성 혁명과 건국의 혼란기를 지나 정치적으로 사회 구조가 안정화되고 제도화되어 가는 시기를 말한다. 그러면 이 시대의 지도자 역할은 무엇일까?

첫 번째로 조직의 생명력이다. 이것은 상부 조직과 하위 조직 간의 내적 일관성을 유지하는 것과 내부적 긴장을 완화하고 구성원들의 가치와 동기를 활성화하는 것이 무엇보다도 중요하다.

한마디로,
'시스템에 의한 국가'를 만드는 것이다.

두 번째는 제도화다. 이는 경도의 정치, 즉 누가 그 자리에 있더라도 조직이 원활하게 돌아갈 수 있는 것이다. 이때 중요한 것은 구성원들 스스로 그 원칙과 절차의 가치를 인정하고 타당한 것으로 받아들이게 하는 것이다. 여기에는 강제와 위압이 아닌 토론과 비전을 통한 국가 운영이 필요하다. 세종은 일반 백성에서 조정 관료까지 의견을 수렴함으로써 구성원들의 가치와 동기를 활성화하기 위해 애썼다.

세 번째는 인재를 기르고, 고르게 등용하는 일이다. 창업기의 인재로는 목숨을 같이 할 동지가 필요하다. 그러나 '수성기'의 인재로는 가능한 한 이질적인 인재들이 필요하다. 세종이 자신의 정적까지도 포용하여 국민 통합을 이루어 내는 한편, 이질적인 신하를 설득하여 '정반합(正反合)'이라는 새로운 정책을 만들어 냈다. 또한 세종은 집현전을 통해 인재를 발굴하고 양성하는 데도 힘썼다. 세종은 설사 공신이라도 재능이 없으면 관직을 주지 않았다. 다시 말하면, 유공자에게는 관작을 주어 명예롭게 하고, 관직은 능력있는 자에게만 맡겨 일을 하게 하여 인재를 양성해야 한다는 원칙이 있었던 것이다.

네 번째는 중용의 리더십이다. 이는 '그칠 줄 아는 태도'에 있다. 지나치지도 경직되지도 않는 것으로, 즉 나아가되 적절한 시점에서 머무는 것이다. 세종은 중신의 임명이나 제도의 도입 과정에서도 이러한 유연한 리더십을 보여 주었다.

같은 맥락에서 제품의 라이프 사이클(PLC)을 살펴보자. 제품은 개발이 끝나면 시장에서 '도입기-성장기-성숙기-쇠퇴기'를 거쳐 제품의 수명을 다하게 된다.

우리는 흔히 도입기에서부터 성장과 성숙기 시장의 확장만을 생각한다. 그러나 더 중요한 것은 쇠퇴기 제품의 아름다운 퇴장을 도입기부터 생각해야 한다는 점이다.

창업을 성공으로 이끌기는 정말로 어렵다.
그러나 성공한 사업을 지키는 것은 더욱 더 어렵다.

나는 항상 사업을 시작할 때 성공 후의 모습보다는 실패 후의 결과에 대한 대책을 먼저 생각하라고 이야기한다. 어떻게 생각하면 대단히 부정적이고 진취적이지 못한 사고인 것처럼 보이지만, 나는 이것이 생각의 차이라고 본다. 이 세상에 사업을 시작하면서 성공할 것이라고 확신하지 않는 사람이 어디 있겠는가. 누가 사업을 시작하면서 먼저 실패부터 생각하겠는가.

그러나 오늘 이 시간에도 이름을 알 수 없는 수많은 기업들이 만들어지고 또 사라진다. 물론 그렇다고 해서 실패를 두려워해서는 안 된다. 그러나 실패 후의 내 모습을 항상 그려 보고, 그 이후를 사전에 대비하여야 한다.

예를 들면 삼성전자에서 과장 입문 교육 과정에 배운 문제 해결 방법이 좋은 사례이다. 문제 해결 4단계는 크게 상황 분석(SA), 의사 결정(DA), 문제 분석(PA), 잠재문제 분석(PPA)으로 나누는데, 바로 잠재문제 분석(PPA)이 사업 철수에 대한 사전 검증 방법이었던 것이 문득 생각난다.

당시 회사의 초급 관리자로서 의사 결정을 올바르게 내리기 위한 훈련으로, 교육 과정에 있었던 이 기법은 비록 같은 형태는 아닐지라도 지금도 실무에서 다양한 방법으로 활용되고 있다.

실패는 하지 않는 것이 가장 좋다. 그러나 실패를 겪지 않고 사업을 영속할 수는 없다. 따라서 실패를 최소화하거나 미연에 방지하기 위해서는 다음의 일곱 가지를 항상 머릿속에 기억하고 행동하면 분명 도움이 될 것이다.

1. 목표는 높게 두어라.
2. 성공하는 기획 안을 만들어라.
3. 자신의 아이디어에 빠지지 말라.
4. 자신의 요구와 고객의 요구를 구분하라.
5. 페이퍼 플랜을 하지 말라.
6. 실패는 기획하는 단계에서 하라.
7. 사람에게 보여서 비평을 받아라.

합리적 경영사고의 4영역

상황파악 영역 (SA: Situation Analysis)

· 무엇이 일어나고 있는가?

· 무엇이 문제인가?

· 무엇을 결정할 것인가?

상황을 파악하여 어디서부터 손을 대고 어떠한 분석을 할 것인가에 대하여 다루는 영역

문제분석 영역 (PA: Problem Analysis)

· 무엇에 문제가 발생하였는가?

· 구체적으로 어떠한 현상인가?

· 왜 발생하였는가?

효율적으로 정보를 수집하고 얼마나 논리적으로 문제를 처리하는 데에 대하여 다루는 영역

의사결정 영역 (DA: Decision Analysis)

· 다수 안에서 최선만을 선정하는 것

· 결정하는데 필요한 목표를 수립하고 수립된 목표에 따라 최적 안을 작성하는 것

이러한 두 가지 결정사항에 대하여 다루는 영역

잠재문제 분석 영역 (PPA: Potential Problem Analysis)

계획을 실행해 나가는 과정에서 장래에 예상되는 문제에 대해 대응책을 강구하는 영역으로, 예방 대책과 발생시 대책이 필요

균형 있는 기업의 안정과 성장

성장과 안정의 두 마리 토끼를 잡아라

현실적으로 지식과 기술을 가진 신생 기업의 성공 확률은 얼마나 될까? 지식과 기술만 있으면 반드시 성공할 것 같지만, 실제 이 기업의 성공 확률은 매우 희박하다. 과연 무엇이 문제일까?

최근 우리나라의 경제는 불확실성과 비연속성, 그리고 격동의 시기였다. 기술의 발전은 아날로그 시대의 종말을 고하고 디지털 시대로 완전히 바뀌었고, 정보통신 부문은 더욱더 큰 변화를 맞이하여 온라인을 통한 스마트 모바일 시대가 도래했다. 금융 부문도 은행 대출보다는 엔젤투자, 벤처 캐피털 등 투자 마인드가 완전히 바뀌었으며, 인력 채용 조건도 인재 중심으로 선회하여 일부에서는 구조적 실업 문제가 새로운 이슈로 떠오르게 되었다.

그러나 한편으로 수출 주도의 대기업 중심 제조업과 무역업에서 내수 중심의 서비스업과 유통업, 수많은 유망한 벤처기업의 등장으로 산업이 다변화되었다는 것이 가장 큰 소득이다. 그 결과, 내수경기

진작은 우리나라가 매년 5~6% 이상의 고도 성장을 기대할 만큼 그 효과를 톡톡히 보았다.

하지만 거세게 불고 있는 벤처 열풍의 이면에는 적지 않은 실패의 경험도 있었다. 토지와 자본, 그리고 풍부한 인력을 중시하던 근대사회와는 달리 고도의 지식기반사회에서 그 핵심은 지식과 기술인데, 이것만으로 성공을 보장받을 수 없는 경우가 허 하기 때문이다.

과연 신생 기업이 탄탄한 성공의 길로 안착할 수 있는 방법은 없을까? 해답은 의외로 간단한 곳에 있다. 바로 원칙을 지키는 창업 마인드와 경영 전략이다.매년 수많은 기업들이 태어나고 사라져 간다. 그런데 이들 폐업하는 업체의 실패 요인을 분석해 보면, 크게 세 가지로 요약된다.

첫째는 기술이나 제품의 품질에 자만해서 마케팅을 등한시한 경우이며, 둘째는 현금 유동성을 확보하지 못하고 주먹구구식으로 자금 계획을 세운 경우이고, 셋째는 특허나 아이디어에만 의존한 나머지 마케팅에 소홀한 경우이다.

창업 후 3년 이내의 업력을 가진 신설 기업의 라이프 사이클로 보면, 도약을 위한 준비기간이면서도 자본 투자가 상대적으로 많은 시점이어서 매출에 비해 자본 투자 부담이 높은 경우가 대부분이기 때문에 철저한 사전 준비와 정확한 미래 예측, 냉정한 경쟁력 분석으로 자본과 인력 그리고 마케팅에 대한 체계적인 관리가 뒤따라야만 한다.

부채 비율이 200%를 넘는 재무 구조를 가졌거나 비숙련 노동 인력 중심의 인력 구조, 차별화 되지 않은 마케팅 방법이라면 3년을 버티기란 거의 불가능하다. 따라서 자사의 비즈니스 모델이나 규모에 맞는 자금 운용과 인력 확보 그리고 마케팅 전략 구사가 조화를 이룰 때 비로소 성공이라는 성취감을 맛볼 것이다.

그렇다면 자금 운용과 인재 관리, 마케팅은 어떠한 방법이 효과적일까? 기업 재무 관리는 인체에 비유하면 혈액순환에 해당한다. 매출 규모 중심의 재무 관리 개념이 최근 들어 현금 흐름을 중시하는 방향으로 선회한 것은 재무 관리의 중요성이 그만큼 커졌음을 의미한다.

부실 혹은 불법 회계로 가려졌던 기업 재무 상태는 기업 내외의 압력으로 투명해지고 있고, 그 결과 기업 가치 평가의 핵심 잣대가 되고 있다. 재무 관리의 요체는 위기 관리다. 볼륨을 중시하는 사업 전개 방식은 이제 시대에 뒤떨어진 것이다.

창의성과 기술력이 생명인 벤처 기업에겐 더더욱 그렇다. 한때 벤처 업계 신화로 불렸던 메디슨의 붕괴는 내실 다지기에 손을 놓은 채 공격적이고 외향적으로 펼쳤던 자금 운용 방식이 어떤 참담한 결과를 낳는지 잘 보여 주는 좋은 사례라고 할 수 있다.

경영상태 분석표

항 목	분석내용	분석방법
매출액 자본금 총자본 평균종업원수		순매출액 불입자본 B/S대변합계+할인어음+양도어음 (기초종업원수+기말종업원수)/2
안정성 유동비율 당좌비율 총자본대비 자기자본비율 부채비율 자기자본대비 고정자산비율 재고자산 회전율 고정자산 회전율 판매관리비율 매출액대비 지급이자비율 월매출액대비 차입금 매출채권회전율	150%↑ 100%↑ ↑양호 ↓양호 100%전후 ↑양호 ↑양호 ↓양호 ↓양호 2.5배↓ ↑양호	유동자산/유동부채*100 당좌자산/유동부채*100 자기자본/총자본*100 (유동부채+고정부채)/자기자본*100 고정자산/자기자본*100 순매출액/재고자산 순매출액/고정자산 (판매비+관리비)/순매출액*100 (지급이자+할인료)/순매출액*100 (장기+단기차입금)/월매출액 순매출액/(받을어음+외상매출액)
수익성 매출액 총이익율 매출액 총이익율 매출액 경상이익율 매출액 순이익율 자기자본대비 경상이익율	↑양호 ↑양호 ↑양호 ↑양호 ↑양호	총이익/순매출액*100 영업이기/순매출액*100 경상이익/순매출액*100 순이익/순매출액*100 경상이익/자기자본*100

과거는 미래의 거울

역사는 계속적으로 반복한다

시대적 상황 비교를 통해 미래를 예측하라

과거는 미래의 거울이다. 지금의 정치 현실을 보면 TV드라마에서 보는 조선 시대와 상당히 흡사하고 한미FTA 또한 국가만 바뀌었을 뿐 조선 말이나 현재 처한 상황이나 굉장히 흡사하다.

또한 지금의 미국은 과거 영국의 현실과 매우 흡사하다. 영국은 해가 지지 않는 나라로 알려질 만큼 거대한 식민지를 기반으로 자유무역을 신봉한 나라다.

최초의 자유무역 이론자는 '애덤 스미스'다. 그의 경제학 이론의 핵심은 국제무역은 쌍방 국가 모두에게 잇점이 있다. 어떤 상품의 생산비용이 자국에 비해 다른 나라가 적게 들 경우 그 나라는 그 상품을 생산할 필요가 없다. 다른 나라의 상품을 직접 구매하는 것이 더 실용적이고 이익이라는 주장이다.

당시 광대한 해외 식민지를 차지하던 영국은 해양·산업기술, 금융,

원자재의 통제권을 갖고 산업화를 아직 이루지 못한 국가들을 강요해 무역 관계를 구축했다. 그러나 이는 자유무역이라는 미명 하에 일방적으로 상대국의 자원과 시장을 약탈하고 막대한 이익을 얻는 것에 지나지 않았다.

자유무역을 이상화한 애덤 스미스의 세계주의 정치 경제학은 실상 영국의 이익을 위한 것에 지나지 않는다고 생각한 독일의 프리드리히 리스트는 독일은 국가 정치경제학에 기반을 둔 보호무역을 통해 자국의 이익을 보호해야 한다는 입장을 표명한다.

그는 또한 낙후한 국가가 산업화를 먼저 이룬 강대국과의 자유 경쟁을 통해 신흥 산업국가로 거듭난다는 것은 불가능하다고 주장했다. 이에 그는 상대적으로 낙후한 독일이 선진국인 영국과 자유무역을 통해 경쟁하는 것은 어린이와 어른의 씨름처럼 그 결과가 불 보듯 뻔하다는 결론을 지었다. 이런 현실 속에서 후발국이 강력한 국가가 되기 위해서는 반드시 자국의 취약한 산업을 보호해야만 한다. 그의 이러한 보호 무역론의 핵심은 '관세 제도'였다.

그는 관세 인상을 통해 자국의 생산력, 특히 산업 생산력을 대폭 발전시켜야 한다고 주장했다. 결국 독일은 이를 기반으로 영국과의 경제 격차를 줄이기 시작한다. 그 후 철혈재상으로 불리는 비스마르크가 중부 유럽을 통일하고, 독일은 새로 구축한 경제 발전 모델과 폭발적인 경제 성장으로 영국의 전략적 방침과 이익에 강력한 도전을 하게 된다.

이와 조금은 다른 이야기지만, 평행이론에 대한 이야기도 대단히 흥미롭다. 평행이론은 영화의 소재로도 사용되었는데, 2010년에 개봉한 〈평행이론〉은 서로 다른 시대를 사는 두 사람의 운명이 같은 패턴으로 똑같이 전개될 수 있다는 내용이다.

여기에 여러 가지 평행이론의 사례가 있지만, 가장 유명한 역사적 사건으로는 링컨과 케네디 대통령 사이에서 100년 시차를 두고 일어난 사건들은 정말 경이롭다.

링컨은 1846년 하원의원 당선, 1860년 제 16대 미국 대통령에 당선된 후 남북 전쟁을 감행하면서까지 개혁을 이끌어 가려 했지만, 저격범의 총을 맞고 세상을 떠나야 했다. 그로부터 100년 후인 1946년 하원의원에 당선한 케네디도 1960년 제 35대 대통령이 된 후 링컨처럼 혁신을 이룰 것으로 기대를 모았지만, 역시 암살당했다.

역사적으로 잘 알려진 이 같은 사실 외에도 두 사람 모두 금요일에 암살당했고, 당시 링컨은 포드 극장, 케네디는 포드 자동차를 탄 채 저격 당했으며, 암살 일주일 전 케네디는 마릴린 먼로(여배우)와 링컨은 마릴린 먼로(지명)라는 곳에 있었다는 사실은 네티즌 사이에서 평행 이론의 주요한 증거들로 제시되고 있다.

더욱이 네티즌들은 링컨과 케네디의 후임 대통령 이름이 모두 '존슨'이었고, 두 암살범은 정식 재판 전 살해당했다는 사실이 두 사람이

100년의 시간 차이를 두고 같은 운명을 반복했다는 증거라고 주장한다.

어쨌든 우리는 설사 그것이 좋은 역사든 그릇된 역사든 상관없이 과거의 역사 속에서 오늘을 살아가는 교훈을 찾고 현실과 항상 비교하고 분석하면서 미래를 준비한다면, 오늘의 실수를 조금이라도 줄일 수 있지 않을까 생각해 본다.

성공한 자는 과거의 역사 속에서
오늘을 생각하고 내일을 본다.

미래를 보는 눈

선행 투자와 핵심 기술 확보가 생명

요즈음 들어 최신 경영 서적을 보면 '미래 경영'이라는 단어가 눈에 띈다. 그렇다면 미래 경영의 요체는 과연 무엇일까?

우선 전략에 대한 새로운 시각으로 보면, 현재의 경쟁에서 미래를 위한 경쟁에 대한 이야기처럼 보인다. 대부분의 기업은 미래를 준비한다고 하지만 막상 그 내용을 들여다보면 현재의 경쟁에 초점을 맞추고 있다.

즉, 현재의 사업 구조 내에서 시장 점유 확대와 오버 헤드 감소에 주력하고 있다는 이야기이다. 어느 보고서를 보니, 경영자들의 시간 활용을 분석한 결과 외부와 현재 경쟁력에 80%를 쓰는데 비해 미래를 위한 경쟁력에는 불과 20% 이하였다.

미래에 대한 차별적 식견을 개발하기 위해서는 좀 더 많은 시간과 자원을 투입할 필요가 있다. 현재 경쟁력에만 신경을 쓰면, 미래에는 실패한다. 미래를 위한 경쟁의 초점은 산업의 재창조이며, 최고 경영자의 제1임무는 미래의 경쟁 구조를 예견하고 핵심 역량을 확보하는 것이다.

재창조 없이 투자와 경비를 줄여 투자 수익력을 높이려는 구조조정과 리엔지니어링(Reengineering:업무 재구축) 은 장기적으로 실패한다. 미래를 위한 경쟁 전략은 현재 경쟁 전략과는 차별화된 전략 패러다임을 요구된다.

새로운 전략 패러다임은
'기본적인 것'에서 '필히 더 나아가야 하는 것'이다.

그러면 미래를 위한 경쟁은 어떻게 다른가? 미래 경쟁은 현재 기업들이 진행하고 있는 아래의 여섯 가지 경쟁 부문에서 한 단계 더 나아간 다음과 같은 특징을 지닌다.

1. 시장점유율 경쟁에서 '기회선점 경쟁'으로
2. 사업단위 경쟁에서 '기업역량 경쟁'으로
3. 단위(Stand Alone) 경쟁에서 '통합시스템 경쟁'으로
4. 스피드 경쟁에서 '인내력 경쟁'으로
5. 정형화(Structured) 경쟁에서 '비정형화된 경쟁'으로
6. 단일단계 경쟁에서 '다단계 경쟁'으로

따라서 기업은 빨리 과거 고정관념의 틀을 버려야 한다. 규모가 큰 회사일수록 고정적 관념과 관행의 틀이 강해 다양한 상상력을 방해한다. 이러한 과거 틀의 속박에서 벗어나지 못하면 장기적으로 패배할 수밖에 없다. 현재는 산업 간 경계가 불분명해지고 특히 다양한 상상력을 중시하는 시대이다.

대부분 경영자는 그들이 구축한 경영의 틀에 갇혀 살고 있으며, 큰 회사에 예외 없이 사업 규범을 정하는 지배적 틀이 있다. 회사의 고용 기준이 까다로울수록, 기업 내 교육이 활성화되어 있을수록, 경영자의 재직 기간이 길수록, 외부인이 조직의 상층부에 적을수록, 과거 성공 경험이 많을수록 경영의 틀은 단일화되는 경향이 있다.

그러나 시간이 지남에 따라 경영자들은 그들이 믿고 있는 것을 왜 믿게 되었는지 잊어버린 채 새로운 것은 회피하게 된다. 결국은 무엇을 모르는지도 모르고, 심지어는 모른다는 사실조차 모르는 것이다.

시공을 초월한 숨은 진리

너 자신을 알라

고전에서 배우는 경영 철학

앞서 언급했듯이 내가 가장 좋아하는 책 중에 하나가 〈삼국지〉이다. 옛날에는 〈삼국지〉를 몇 번씩이나 읽고 또 읽었는데, 요즘은 시력이 안 좋아지고 생각도 복잡하다 보니 만화로 된 책을 좋아한다. 〈삼국지〉에는 한나라의 흥망성쇠와 각계 각층의 인간들에 대한 희노애락이 매우 사실적으로 표현되어 있다.

〈삼국지〉는 그 내용이 엄청나게 방대하고 나오는 인물도 많아, 아무리 읽고 또 읽어도 그 깊이를 헤아릴 수가 없다. 그 중에서 가장 핵심 인물이라 할 수 있는 '제갈공명'에 대해 이야기하고자 한다.

제갈공명(181~234)은 중국 삼국시대 촉한의 정치가이자 전략가로 높은 명성을 얻어 '와룡선생'이라고도 불렸다. 〈삼국지〉에서 그는 오나라의 손권을 설득하여 유비와 연합하게 하여, 적벽대전에서 조조의 백만 대군을 대파하고 유비를 도와 촉한을 세운 인물이다.

제갈공명이 처음 유비의 삼고초려로 세상에 나올 때, 유비에게 한 장의 지도를 전한다. '천하지삼분계'가 그려진 지도다. 그는 초야에서 글을 읽고 있던 선비였으나 당시의 상황을 손바닥 보듯이 보고 있었다. 천자를 끼고 도는 위나라의 조조, 명문가의 후손으로 지리적 이익을 갖고 있는 오나라의 손권에 비해 유비는 그야말로 아무것도 가진 것이 없는 남루한 황실의 후손에 불과했다. 따라서 제갈공명의 '천하지삼분계'는 지리적으로 유비가 서촉을 근거로 삼아 위, 오와 더불어 천하를 3등분해야 한다는 전략이었다.

그러나 나는 '천하지삼분계'를 단순히 지리적으로 천하를 셋으로 나누는 것이라고 보지 않는다.

천(天)·지(地)·인(人)

제갈공명은 당시의 천하를 '천·지·인'으로 보았다. 조조가 천자를 품에 안고 권력을 얻었다면, 손권은 비옥한 강동 땅을 갖고 있으니, 남은 것은 무엇일까 하는 것에 제갈공명의 혜안이 있었다.

결국 남은 것은 사람이며, 인심이며, 명분이다. 유비에게는 황손으로 한나라의 정통성을 잇는 명분이 있었고, 도원결의를 통한 훌륭한 장수와 그를 따른 수많은 백성이 있었다.

그것이 '천하삼분지계'를 만든 제갈공명의 이론이며, 당시의 현실을 정확히 파악하고 세운 가장 위대한 전략이라고 생각한다. 자신의 위치를 정확히 안다는 것은 동서고금을 막론하고 가장 어려운 일이다. 그리고 나는 굳게 믿는다.

사업도 먼저 자기를 정확히 아는 것에서부터 시작된다.

대인 관계의 기초

1분 칭찬과 1분 질책

삼성전자에 처음 입사 했을 때, '1분 칭찬 1분 질책'이라는 독특하고 생소한 이론이 담긴 〈1분 경영〉이라는 책을 접하게 되었다. 이 책에서 말하고자 하는 요지는 총 세 가지이다.

첫 번째,
서류 작성을 간결하게 하라.

모든 목표를 서류 한 장 이내로 작성하되 250자 이내로 한다. 260자가 되면 실패한다는 얘기가 아니라, 그만큼 간결하고 확실하게 알 수 있는 목표를 세우라는 것이다. 목표를 반복해서 읽고 숙지하고, 매일 1분 정도는 이 목표와 자신의 업무 활동을 점검하라고 한다. 행동과 목표가 일치하는지 항상 확인하라는 것이다.

두 번째,
1분 칭찬이다.

책에 나온 표현을 빌자면, '자신에 대해 스스로 만족할 때 좋은 결과가 나온다' 는 걸 기억할 필요가 있다는 것이다. 마찬가지로 경영자 역시 업무 태도에 대해서 알려 줄 게 있다면 미리 이를 고지하고, 일을 잘했다면 즉시 칭찬할 줄 알아야 한다. 잘한 일에 대해선 그냥 칭찬하는 게 아니라 구체적으로 말해야 한다. 그래야 뭘 잘해서 칭찬받는지 알게 되기 때문이다.

이에 대한 평가도 마찬가지다. 잘한 일로 인해 조직이나 동료에게 얼마나 도움이 됐는지에 대해서도 말하라고 조언한다. 악수나 어깨를 쳐 주는 등 신체 접촉을 통해 직원의 성공을 진심으로 바란다는 사실을 명확하게 보여 주는 것도 하나의 좋은 방법이다.

세 번째,
1분 질책이다.

이것 역시 칭찬과 마찬가지로 직원의 업무 수행에 대해 명확하게 지적할 게 있으면 지적하겠다는 것을 '사전에' 말해야 한다는 것이다. 질책의 방법은 '질책'에서 '칭찬' 순으로 이어지는 게 좋다. 즉, '온화하면서도 엄격한 경영자'보다는 '엄격하면서도 온화한 경영자'가 되어야 한다는 것이다.

"목표는 행동을 일깨우고 결과는 행동을 지속시킨다"고 했다. 이 책의 저자는 사람에게 가장 큰 동기부여는 '피드백'이라고 말한다. "피드백이야말로 승자의 아침식사와도 같다"는 것이다. 명확한 목표 설정과 확실한 피드백. 뻔하다고 말할 수도 있지만, 자신을 포함해 주위를 둘러보면 지키기도 참 쉽지 않은 것임을 금방 알 수 있다.

누구나 처음 사회에 나오면 모든 것이 불안하고 실수에 대해 두려워한다. 그리고 주위에서 자신을 어떻게 생각하고 있을까 하는 강박관념 속에 하루하루를 보낸 경험이 있을 것이다. 본인이 겪은 경험을 후배에게 되풀이하지 않도록 지도하는 것은 관리자나 경영자의 너무나도 당연한 몫이다.

나는 누구에게라도 확실히 말할 수 있다.
세상에서 사람에게 투자하는 시간이 가장 값지다.

1분 관리법

1분 목표 설정

· 자신에게 주어진 목표에 동의하라.

· 어떤 것이 최고의 업무 활동인지를 생각하라.

· 각각의 목표를 서류 한 장에 작성하되, 250자 이내로 하라.

· 이 목표를 반복해서 읽고 숙지하라.

· 매일 1분 정도의 시간을 내어서 업무 활동을 점검하라.

· 자신의 행동이 목표와 일치하는지 살펴보라.

· 직원들의 잠재력을 최대한 발휘할 수 있도록 지원하고 그들이 잘
  하는 일을 발견하라.

1분 칭찬

· 업무 태도에 대해 알려 줄 것이라고 미리 말하라.

· 일을 잘했을 경우, 즉시 칭찬하라.

· 잘한 일을 구체적으로 말하라.

· 잘한 일에 대해 자신이 얼마나 좋게 평가하고 있는지, 그리고 그
  일이 조직과 다른 동료들에게 얼마나 도움이 됐는지에 대해서 말
  하라.

· 업무 처리에 대해 자신이 얼마나 만족하고 있는지 느낄 수 있도
  록 잠시 침묵하라.

· 앞으로도 계속 일을 잘하라고 격려하라.
· 스킨십을 통해 자신이 부하 직원의 성공을 바라고 있다는 사실을
  명확하게 보여 주라.

1분 질책

· 부하 직원들에게 그들의 업무 수행에 대해서 명확하게 지적할 것
  이라고 사전에 말하라.
· 즉각적으로 질책하라.
· 잘못한 것이 무엇인지 명확하고 구체적으로 말하라.
· 당신이 그 잘못에 대해 어떻게 느끼고 있는지 명확하고 구체적으
  로 말하라.
· 부하 직원이 당신의 감정을 느낄 수 있게 잠시 불편한 침묵을 지
  켜라.
· 진심으로 당신이 부하 직원의 편이라는 것을 알리기 위해서 악수
  를 하거나 등을 토닥거려라.
· 당신이 부하 직원을 얼마나 아끼고 있는지를 상기시켜라.
· 잘못된 행동을 질책한 것일 뿐, 평소에는 부하 직원을 소중한 존
  재로 생각하고 있다는 사실을 재확인시켜라.
· 질책은 한 번으로 끝나며, 반복되지 않는다는 사실을 인식하라.

사람의 마음을 읽어라

유태인의 상술

아주 오래전에 나는 우연히 후지다 덴의 저서인 〈유태인의 상술〉이라는 책을 접하게 되었다. 그리고 몇 번에 걸쳐 반복적으로 읽고 또 읽었다. 책의 내용은 상식을 벗어나지 않는 지극히 단순한 이야기였지만, 나는 그때나 지금이나 변함없이 그 책에 완전히 매료되어 있다. 그 책의 어떠한 점이 나에게 그토록 큰 매력을 준 것일까?

그 책에는 자연의 순리와 이치가 있고 거스를 수 없는 법칙이 있었다. 그리고 무엇보다고 〈탈무드〉와 함께 자연을 이용하는 유태인의 생활이 있었다. 유태인은 사업을 할 때 자신을 제일 먼저 파악하고, 사람의 마음을 사로잡는다. 사업을 할 때 먼저 자신의 위치를 파악하는 것은 가장 중요한 요소이다. 내 능력이 어떠한 위치에 도달해 있는가에 따라 아래의 세 가지로 나누어 생각해 볼 수 있다.

첫째,
내 능력이 남에게 못 미치면 입을 노려라.

성실히 일한다면 세상에 망할 먹는 장사 없다고 한다. 화교들이 전 세계에 흩어져 화교 촌을 이루며 살 수 있는 원동력도 바로 그들의 성실함과 중국 음식의 힘이다. 또 얼마 전 TV에서 〈대박집 쪽박집〉이라는 프로그램을 본 적이 있는데, 대부분의 대박 음식점이 묵묵히 변하지 않는 솜씨로 한 우물만 파서 성공한 케이스이다.

둘째,
사업 수완이 남에게 빠지지 않으면 아이를 노려라.

사업에 자신이 있으면 머리를 쓰라는 이야기이다. 요즈음같이 핵가족 시대에 아이는 보물 덩어리이다. 부모는 자신이 먹지도 입지도 못하면서 아이에게 돈 쓰는 것을 아까워하지 않는다. 태어날 때 자기 복은 자기가 갖고 태어난다는 말은 모두 옛날 이야기이다. 삼성전자가 한때 유치원을 경영하려고 시도한 적이 있었는데, 이 또한 어린 시절부터 아이의 뇌리에 삼성을 심으려는 아동 심리학적인 경영 전략이 숨어 있다.

셋째,
사업 역량이 남보다 월등히 뛰어나다고 자부한다면
여자를 노려라.

사업에 남다른 역량이 있다면 여자를 상대하는 사업이 최고의 이익을 가져다 준다. 여자의 허영심은 최고의 사업 목표이다. 현재 미국의 맨해튼 거리에서 다이몬드상을 하고 있는 상인의 90% 이상이 유태인이다.

몇 가지 더 유태인의 예를 들어 보자. 유태인은 절대 세금을 속이지 않는다. 세금은 국가와의 계약이다. 계약은 무슨 일이 있어도 지키는 유태인들에게 탈세는 나라에 대한 계약 위반이다. 박해 속에서 살아온 유태인은 세금 납부의 약속으로 나라가 있다고 생각한다. 유태인은 세금 납부에 대해서는 엄정하다. 그래서 유태인은 차라리 세금을 낼 것만큼 더 벌어야 한다고 말한다. 이 때문에 세금을 납부하고도 타산이 맞는 장사를 한다. 다시 말하면, 세금을 먼저 공제해 놓고이익이 나는 장사를 하는 것이다.

오늘 할 일을 내일로 미루지 마라.

우리가 학교에서 자주 보았을 것 같은 평범한 진리지만, 지키려고 하면 너무나 어려운 말이다. 그런데 유태인들은 출근하면 매일 한 시간정도를 '딕테이트(Dictate)'라고 해서 전날 퇴근한 후부터 아침 출근시간 사이에 온 상거래의 편지, 이메일 등에 답장을 한다.

딕테이트 시간에는 어떤 일이 있더라도 유태 상인과 면담이 안 된다. 딕테이트 시간이 끝나면 그때부터 하루의 일과에 들어간다. 유태인이

딕테이트 시간을 소중히 여기는 것은 그들이 '즉석에서 즉결'을 원칙으로 전날의 일을 다음 날로 넘기는 것을 수치로 생각하기 때문이다.

유능한 유태인의 책상 위에는 미결인 서류가 없다. 그 사람이 유능한지 그렇지 않은지는 책상 위를 보면 안다는 것도 그 때문이다. 보통 회사에서 높은 사람이 되면 책상에 미결 서류가 산더미처럼 쌓이고, 기결인 서류가 적어지는 풍경과는 아주 대조적인 모습이다.

자신 있는 상품은 절대 에누리해 주지 말라.

유태 상인은 자신의 상품을 비싸게 파는 것에 대해 모든 자료를 동원해 정당화한다. 특히, 통계 자료나 팜플렛 등을 비싸게 파는 데 참고 자료로 이용한다. 유태 상인들은 자신의 상품에 대해 품질이나 가격에 자신이 있기 때문에 에누리해 줄 수 없다고 말한다. 그들이 에누리해 줄 바에야 팔지 않겠다는 배짱은 자기 상품에 대한 대단한 자부심에 기초한 것이다.

좋은 상품이니까 싸게 팔 수 없다.
싸게 팔지 않으니까 이익이 크다.
유태인의 상술이 돈을 버는 비결이다.

유태인의 상술

후지다 덴의 저

· 생활 속에 숫자를 끌어들여라.

· 깨끗한 돈, 더러운 돈이 따로 없다.

· 현금주의에 철저 하라.

· 이자를 노린 은행예금은 손해다.

· 대여금고는 안전하지 않다.

· 입을 노려라.

· 판단의 기초는 외국어다.

· 암산에 능통하라.

· 반드시 메모하라.

· 모든 지식에 능통하라.

· 오늘의 싸움은 내일로 미루지 않는다.

· 미련보다는 단념.

· 사장은 팔리는 회사를 만들어라.

· 계약은 신과의 약속이다.

· 계약서도 상품이다.

· 만세(파산 직전의 회사) 장이 상술은 유태 상술이 아니다.

· 세금 낼 것만큼 더 벌라.

· 시간도 상품이다.

· 불의의 손님은 도둑으로 알라.

· 약속 시간을 얻어내라.

· 미결 서류는 상인의 수치다.

성공으로 가는 길

실천만이 성공을 보장한다

NATO(No Action, Talking Only)

성공의 길은 멀고도 험하다. 그러나 목표를 확실히 세우고 삶의 가치를 확실히 세운 사람이라면 누구나 도전의 가치가 있다. 신조어 중에 'NATO족(No Action Talking Only)'이라는 단어가 있다.

'말만 하고 행동은 하지 않는다'는 영어의 약자를 따서 만든 신조어인데, 요즈음의 나토족은 사석에서는 회사를 그만두고 다른 직장으로 옮기거나 개인 사업으로 독립하겠다는 의사를 강하게 밝히면서도 실제로는 사표를 내지 못하는 직장인을 일컫는 말이라고 한다.

아무리 좋은 사업 아이템이 있어도 그것을 기획하고 실천하는 힘이 없다면 사상누각(沙上樓閣)에 불과하다.

요즘 젊은 층에서는 계란장수 이야기 같은 일들이 많이 눈에 띈다. 닭이 첫 알 하나를 낳자 주인은 기뻐서 상상에 빠진다.

"이 알이 다시 부화를 해서 닭이 되고, 닭이 다시 알을 낳고……
이 과정을 되풀이하게 되면 나중에 그 돈으로 소도 사고 집도 사
고…….

그렇게 생각에 골몰하다가 하나 있는 알마저 놓쳐 깨트린다는 이야
기인데, 그런 공상은 생각만 앞세우고 행동으로 옮기기 어려운 일에
얽매여 수많은 시간과 공간적인 변수를 생각하지 못하게 된 중요한
예이다.

생각은 오래 할수록 좋다. 물론 '장고 끝에 악수 놓는다'는 바둑의 격
언도 있지만, 그래도 기획 단계에서 많은 문제점을 해결하고 실행에
옮기면 그만큼 실패 확률을 줄일 수 있다.

그뿐만 아니라 기획 단계에서 많은 사람의 조언을 통하여 보편 타당
성 있는 목표를 세워야 한다. 그러면 자신의 목표가 여러 사람에게
객관적으로 검증을 받을 수 있는 계기가 되며, 올바른 평가 또한 받
을 수 있다.

세계적인 역사학자 토인비는 그의 저서 속에서 성공한 지도자가 빠지기 쉬운 세 가지 함정으로 다음을 꼽았다.

첫째, 도덕적 균형 감각의 상실
둘째, 과거의 능력과 방법론을 우상화
셋째, 자기 능력의 한계를 모르는 만용

욕심이 화를 부른다

재미있는 골프, 주식 이야기

삼성의 3대 스포츠로 럭비, 승마, 골프가 있다. 럭비를 통해 일에 대한 추진력을 익히고, 승마와 더불어 예의와 에티켓을 배우며, 골프를 통해 자기와의 싸움을 터득한다. 나는 골프를 그다지 즐기지 않는다. 그러나 골프에 담긴 사상에는 배울 것이 굉장히 많다.

내가 보는 골프는 한마디로 자기 자신의 인생 설계와도 같다. 자신의 실력을 알고 제각기 다른 홀의 특성을 파악하여 그린을 공략해야 하는 골프는 많은 사람에게 매력 있는 스포츠임에 틀림없다.

그런데 나는 필드에 나가 게임을 하면서 골프가 자신과의 싸움이라기보다 역시 상대가 있는 게임이라고 느껴진다. 상대편이 공을 잘 치면 왠지 주눅이 들어 실수할까 두려워하고, 상대가 실수하면 그 틈을 노려 실력을 무시하고 욕심을 부려 무리하게 홀을 공략하다가 실패를 하곤 한다.

소크라테스의 "너 자신을 알라"는 말을 차치하고서라도 욕심이 화를 부른다는 것은 세상이 다 아는 이야기이다.

자신의 실력을 먼저 파악하고 남을 의식하지 마라.

이것이 필드에 나가서 자신의 실력을 유감없이 발휘할 수 있는 비결이다.

많은 사람들이 재테크의 수단으로 주식을 한다. 주식에 대해서는 성공을 위한 많은 유명한 격언들이 있다. 아마도 주식 열풍이 불던 시절에 주식을 하신 분들은 많이 듣던 이야기일 것이다.

계란을 한 바구니에 담지 마라.
8부 능선에서 팔아라.
산이 높으면 골이 깊다.

하나하나 음미해 보면 주식 투자에 있어서 황금 같이 귀한 명언들이다.

그대로 하기만 하면 절대로 손해보지 않고 돈을 벌 것 같다. 그런데 왜 수많은 개인 투자자들이 주식에서 손해를 보고 있을까?

그것은 아마도 지나친 욕심과 조급함 때문일 것이다. 주식이 올라갈 때는 한없이 올라갈 것 같은 욕심이 생긴다. 그러나 반대로 떨어질 때는 끝이 보이지 않을 정도로 한없이 다가오는 불안감에 목표를 잃은 투자 심리는 주식을 실패하게 한다.

나는 수년 전 교통사고를 당한 적이 있었다. 병원에 입원해서 수속을 밟고 있는 도중 고속도로에서 차가 전복되어 실명한 사람이 옆 병동에 들어왔다. 잠시 후 가족들이 면회를 와서 실명한 사실을 알고 대성통곡을 하며 울다가 그 사고로 같이 타고 있던 사람은 모두 죽고 본인만 살아났다는 이야기를 듣고 모두 이만 하길 천만다행이라며 안도하는 모습을 보였다.

보통 사람들이 생각하는 생각의 차이만으로는
평범을 벗어날 수 없다.

항상 자신의 위치를 아는 것이 무엇보다도 중요하다. 인생은 내가 준비해 온 만큼만 이루어지며, 또 마찬가지로 내가 준비한 만큼만 이루어지면 된다. 내가 이룬 것을 절대 남과 비교할 필요가 없다.

긍정적 사고의 힘

유인력의 법칙
론다 번의 〈비밀(The Secret)〉

나는 론다 번의 〈비밀 (The Secret)〉이라는 영화를 우연히 보게 되었다. 이 영화는 2006년에 개봉되었는데, 개봉되자 대단히 큰 흥행을 가져왔고 책으로도 출간되어 지금 서점에서 베스트셀러로 팔리고 있다.

영화 〈비밀〉에서는 제작자 론다 번이 찾아 낸 '유인력(誘引力)의 법칙'을 알고 있었던 사람들이 번갈아 가며 나와서 '유인력의 법칙'에 대해 이야기한다. 그들 중에는 밥 프록터, 잭 캔필드, 모리스 굿멘과 같은 유명인들이 많이 있다.

영화는 그들의 대화와 더불어 사이 사이에 이해를 돕는 영상들을 삽입하여 역사 속의 위대한 지도자들이 모두 '유인력의 법칙'을 이해하고 실천한 사람이라고 강조하고 있다.

〈비밀〉이 개봉되고 나서 책으로 출간된 이후에 이와 관련된 수많은 자기계발서와 '생각의 힘'을 다룬 책들이 베스트셀러로 팔리기 시작했다. 〈비밀〉을 각색한 책들도 여러 종류가 출판되었는데, 지금도 독자들에게 많은 호응을 얻고 있는 것으로 알고 있다.

나는 이 영화 속에서 생각의 힘이 느낌을 통하여 행동으로 옮겨진다는 것을 느낀다. 여기에서 말하는 생각의 힘, 즉 '유인력의 법칙'은 각자가 경험하고 있는 현실이 그가 무의식적으로든 또는 의식적으로든, 주로 느끼고 집중하고 있는 생각의 반영이라는 것이다.

만약 어떤 사람이 '유인력의 법칙'을 부정한다 해도 '유인력의 법칙'을 믿는 사람들은 그것도 그의 그러한 신념 체계 때문에 그렇게 경험한다고 주장한다. 다시 말해 '유인력의 법칙'을 믿는 사람이건 안 믿는 사람이건 '유인력의 법칙'을 벗어나진 못하는 것이다.

따라서 긍정적 생각은 긍정적 경험을 만들 것이고, 긍정적 경험은 다시 긍정적 생각을 하게 할 것이다. 즉, 선순환의 구조이다. 마찬가지로 부정적인 생각은 부정적 경험을 만들 것이고, 부정적 경험은 다시 부정적 생각을 하게 할 것이다. 즉, 악순환의 구조가 연속되는 것이다.

나는 이 법칙에 대해 논리적으로 접근하는 것 자체가 무의미하다고 본다. 이 법칙이 과학적 근거를 갖고 있든 없든, 그것은 중요하지 않다. 많은 사람이 이를 경험했다는 사실이 중요한 것이다.

삼성전자에서 근무하던 시절에 나는 한 동료와 약속을 했다. 회사에서 서로 성장해 가면서 자주는 못 만나더라도 먼 훗날에 정상에서 꼭 만나자고 말이다.

그 후 나는 언젠가 오를 정상을 향해 꾸준히 걸었다. 아마 그 친구도 나와 마찬가지로 정상만을 생각하고 길을 걸었을 것이다. 정상에 대한 동경과 갈망이 그리고 목표가 아마도 오늘의 나를 만들었는지도 모른다.

그래서 나는 이 글을 읽고 사업에 대한 열정을 불태울 많은 사람들과 사업이 아니더라도 자신의 분야에서 최고를 향하여 묵묵히 일하는 보람된 삶을 찾는 사람들을 향하여 이렇게 말하고 싶다.

"우리 정상에서 꼭 만납시다."

평소에 머리 속을 맴돌던 수많은 단어들을 하나하나 정리하여 문장
을 만들고 문장과 문장을 연결하여 이렇게 책으로 만들고 나니 이제
한 덩이 무거운 짐을 벗은 것 같다. 그리고 마치 긴 여행을 떠났다가
이제 막 집으로 돌아온 듯 홀가분한 느낌이다.

이 책을 통해 많은 이야기를 했지만 내가 사회생활의 경험을 통해서
얻은 말들을 정리해보면 다음과 같다.

먼저 나를 닦고 남을 다스려라

그리고

기본으로 돌아가서 준비하라

그리고 또 한가지 명심해야 할 것은 부와 명예는 얻기보다 지키기가
더 어렵다는 것을 항상 기억해야 한다. 지금 우리에게는 초심을 잃지
않고 살아가는 지혜가 무엇보다도 중요하다. 그리고 나와 남이 다름
을 인정해야 할 때이다. 그것은 다르다는 것이 틀린다는 것이 아니기
때문이다. 무엇보다도 가장 기본적인 생각이 잘못되었을 때 우리는
큰 실수를 하게 되는 것이다.

창업과 수성

끝으로 평범한 이야기인 이 책을 끝까지 읽어 주신 독자들에게 진심으로 감사하며 이 책 안의 글들이 독자들의 머리 속 깊이 숨겨져 있던 뛰어난 잠재의식을 일깨우고 생각의 칼날을 다시 세워 각자의 인생 목표를 달성하는데 견인차 역할을 하였으면 한다.

참고자료

경영어록

목표설정

- 도전할 만한 목표를 설정하라.

  목표는 달성할 수 있는 적정성과 개선 향상 목표가 가미되어야 한다.

- 목표가 없는 곳에는 노력도 없고 성과도 없다.

  일상생활에서 한 가지 한 가지를 목표로 완전 무장하라.

- 시스템 사고의 시대다.

  다면적으로 사물을 고찰하고 목표를 세워야 한다.

- 사업은 게임이다.

  어느 쪽이나 숫자가 열쇠이다.

  도전 방법에 따라 숫자가 공격 무기가 되기도 하고 때로는 도전 에너지원이 될 수 있다.

- 목표는 예정이 아닌 결과이다.

  100% 달성해야 하는 것이며, 단순한 눈금으로 보면 전혀 무의미한 것이다.

보고

- 보고는 활동 영수증이다.

  규칙 없는 활동은 만성 매너리즘의 온상이 된다.

  활동을 매일매일 청산해서 마이너스 요인을 제거해 나가야 한다.

- 소개를 받은 사람에게는 결과를 반드시 보고해라.

그것이 가령 업무에 연결되지 못했더라도 예절에 따라야 한다.

- 호감을 가질 수 있는 인간이 되라.

  친구를 만드는 기술은 세일즈맨의 필수 불가결한 것이다.

- 마음의 여유가 친구를 만든다.

  마음이 가난하면 친구를 잃는다.

  세일즈맨의 필수요건은 밝은 마음과 태도이다.

- 타 업종의 세일즈맨을 친구로 가져라.

  이질의 정보가 아이디어의 가장 유력한 재료다.

- 장사를 떠나서 고객의 편의를 살펴주는 것이 친구를 만드는 계기
  가 되고 단골 거래선을 만드는 기회가 된다.

상품 지식

- 상품 지식은 판매 성과에 비례한다.

  특히, 고객의 눈을 통해 상품을 알려고 해야 한다.

  상품의 이용법, 활용법에 대해 철저히 알아야 한다.

- 자기 상품에 대한 절대적 확신이 고객을 움직인다.

  취급 상품에 대해서는 올 라운드 플레이어야만 한다.

- 상품에 자신을 가져라.

  상품을 알수록 판매에 자신이 생긴다.

  상품 자체가 하드웨어라면 사용 방법은 소프트웨어이다.

- 차를 판매한다면 메이커와 구조에 대한 지식이 아닌 운전 조작상
  어떤 점이 매력인가를 운전자 입장에서 설명하는 것이 포인트이다.

열의

- 무슨 일이나 철저함이 비범을 낳는다.

  열중이 없는 인간에게는 성공할 기회도 적다.

- 이론보다는 실천, 이유보다는 실행이 중요하다.

- 정신력이 위대한 것을 만든다.

  세일즈맨에게는 인내, 끈기, 열심의 세 가지가 가장 중요한 요소

  이다.

- 업무 중심으로 나가라.

  일에 대한 집착, 일에 대한 도전, 이것이 세일즈맨이다.

- 생산성은 태도다.

  세일즈맨의 근성은 일에 대한 강한 욕망, 일에 도전하는 태도이다.

신규 개척

- 작전 명령을 만들어라.

  5번 방문해서 전과가 없으면 3개월 냉각기 후 재 방문하고, 열번

  안에 공략되지 않을 경우 방향을 전환하라.

- 일에는 순서가 있다.

  처음부터 효율을 생각하면 대성하기 어렵다.

  2~3년간 하루에 300호씩 뛰어들기 방문을 시도하라.

- 방법은 도구이지 목적이 아니다.

  모든 경우에 통용되는 표준형 접근법이란 없다.

- 계획은 세심하게, 실행은 대범하게

  선견후락(先見後樂)이 세일즈맨의 자세이다.

앞을 내다보지 못하면 판매직에서 떠나라.

- 고객과 입씨름하지 마라.

  이론에서 패하더라도 판매에서 승리하라.

- 기회를 잡아라.

- 신념을 행동의 원동력으로 삼아라.

  서투른 총질도 계속하면 맞을 때가 있다는 발상이 개척의 비결이다.

상담

- 언어는 불가사의한 도구이다.

  성공한 세일즈맨은 모든 사람을 움직이는 말의 명수다.

  말을 진중하게 하는 것이 성공한 자의 필수 요건이다.

- 말을 많이 하는 자는 남의 말을 들을 줄 모른다.

  실패하는 원인 중의 가장 큰 것은 말이 많은 것이다.

- 세일즈맨에게 있어서 언어는 무형의 무기다.

  세일즈맨 어록을 갈고 닦는 것이 필수 요건이다.

- 실천을 클로즈업 시켜라.

  가장 확신을 가질 수 있는 화술은 상품에 의해 주고받는 칭찬이다.

자기계발

- 인간의 기억 정도는 들은 것 10%, 읽은 것 30%, 본 것이 60%라고 한다.

  눈으로 호소하는 설득 방법을 짜내라.

  시각 인상은 청각 인상보다 26배나 빠르다.

- 설득을 위해 시각을 동원하는 것이 필요하다.
- 세일즈맨의 포인트는 사람을 끄는 인격이다.

  같은 상품으로 파는 사람과 못 파는 사람 사이에는 많은 격차가 있다.
- 독창력이 없는 세일즈맨은 대성하지 못한다.

  자주성, 주체성의 확립이 독창성의 모체이다.
- 세일즈맨의 강적은 자신의 마음이다.

  판매 기술이 서툴러서 실패하는 사람은 적다.

  자기 관리를 자기 기준에 맞추지 못해 실패한다.
- 때로는 자기 부정을 하라.

  혹시 다른 좀 더 좋은 방법이 없을까 생각하라.
- 절제하는 습관을 지녀라.

  정기적인 건강 진단을 하라.

  실천력, 행동력의 원천은 건강이다.

시간 관리

- 선수필승(先手必勝)의 원칙을 관철하라.

  한 달 목표는 20일에 달성하고 10일은 익월의 준비 기간으로 한다.
- 스피드가 가치를 낳는다.

  한 시간 반 만에 새 차를 파는 사람이 있다. 스피드 판매를 하라.
- 자기 활동 내용을 분야별로 나누어 분류 정리하라.

  시간을 살리는 방법은 자기 자신의 업무를 조직화하는 것이다.
- 목적에 적합한 방법을 선택해야만 합리성이 생긴다.

  톱 세일즈맨에게는 1분의 여유도 없다.

보안

- 규정대로 실시하는 것이 보안의 기본이다.
- 보안은 처음 시작하는 사내 연애와 같다.
- 책상 위의 사소한 서류도 대외비가 있다.
- 보안과 정보 교환은 일맥상통한다.
- 보안에 신뢰는 존재하지 않는다.
- 보안은 회사의 생명선이다.
- 새어 나간 보안은 회수할 수 없고 피해만 있을 뿐이다.
- 보안의 최종 점검은 예방이다.
- 불안한 조건을 남기지 않는다.
- 업무 중에 반드시 확인 점검한다.
- 극비 사항은 자신만의 암호나 기호로 기록한다.
- 연락은 구두와 문서, 두 가지로 한다.
- 출장 업무의 첫 보안은 서류 관리이다.
- 출장 중에도 항상 자신의 위치를 밝혀 두는 연락을 한다.
- 휴대 가방에 담는 내용물은 반드시 다른 용도가 있다.
- 뜬 소문은 철저히 무시한다.
- 술을 마실 때는 빈손, 서류를 가져가지 않는다.
- 술자리에 서류를 가져갔을 때에는 주인에게 맡겨 둔다.
- 반드시 휴대하여야 할 서류는 안주머니에 넣어 둔다.
- 필요하다면 완전히 바보가 된다.
- 개인만의 특별한 휴식 공간이 필요하다.
- 자신만의 효과적인 기분 전환법을 만든다.

- 모든 잠금장치에 철저를 기한다.

질서

- 개인과 부서, 사업부 간의 이기주의가 없어야 한다.
- 회의와 미팅으로 사내 의견을 통일한다.
- 회의 전에 사전 교섭을 실행한다.
- 공손하게 이야기한다.
- 반대할 때는 이유를 명확히 한다.
- 일은 신중하게 하되, 조직적으로 수행한다.
- 발언은 간단 명료하게 수행한다.
- 어떠한 반론에도 감정적으로 대응하지 않는다.
- 상사와 동료에게 반론할 수 있다.
- 잘못이 확인되면 즉시 사과한다.
- 문제가 해결된 다음에는 반드시 재검토하고 반성한다.
- 아이 싸움으로 끝나지 않을 일은 어른에게 도움을 요청한다.
- 상사가 없으면 더욱 열심히 일한다.
- 근무 시간에 개인 일은 하지 않는다.
- 상하의 한계를 분명히 한다.
- 상사의 말허리를 자르지 않는다.
- 상사에게 항상 최신 정보를 보고한다.
- 중요한 안건은 반드시 상사의 확인을 받아 둔다.
- 여사원의 용모나 패션을 흉보지 않는다.
- 남을 탓하기 전에 자신을 반성하라.

- 궂은 일은 스스로 해결한다.
- 불합리한 일이라도 일단은 견디는 것이 극복의 첫걸음이다.
- 휴가는 마음대로 가는 것이 아니다.
- 쉬어야 할 때는 분명히 쉬어야 한다.

기록

- 회의에서 녹음은 기본이다.
- 출퇴근 시간에는 수첩에 기록한다.
- 기록은 정보의 종합, 스스로 판단하여 정리하는 것이다.
- 연초에 구입한 수첩은 6개월이면 족하다.
- 수첩 안에 다양한 메모지를 사용한다.
- 낡은 수첩의 기록은 다시 검토한다.
- 모든 활동은 시간을 의식하며, 일정표를 작성한다.
- 언제 어디서나 민첩하고 정확하게 메모한다.
- 떠오르는 아이디어는 계속 중얼거려서라도 잊지 않는다.
- 문서 작성은 분명한 개인의 책임이다.
- 업무용 노트가 한 권 있으면, 일은 훨씬 순조롭게 진행된다.
- 영어 전화는 되받아 확인하고 기록한다.
- 중요한 연락 중에는 반드시 기록한다.
- 도장은 정확하고 똑바로 찍는다.
- 많은 분량의 서류는 무능의 증거이다.
- 서류는 도표 · 도식화하는 것이 더욱 효과적이다.
- 서류 제목이 보고의 절반이다.

- 요약서는 참고용으로, 자료는 시각성을 추구한다.
- 필요한 숫자와 수치는 메모한다. 정확한 수치는 결정의 근거이다.
- 상대방의 본심을 이끌어 내고 싶다면 메모는 금물이다.
- 상담 전에 반드시 제안서를 만든다.
- 말로 하는 설득보다 문서로 하는 설득이 마음을 움직인다.
- 하나의 사업이 끝나면 실패와 성공 사례, 자료를 기록한다.

약속

- 지킬 수 없는 약속은 하지 않는다.
- 인생을 사랑하고, 강렬한 애착심을 갖는다.
- 위기는 과감한 발상 전환의 순간이다.
- 이익이 생길 기회를 놓치는 것은 손해다.
- 약속의 기본은 윤리적 정직성이다.
- 험담이나 소문은 반드시 상대방에게 들어간다.
- 상사의 눈치만 보면 반드시 건강을 해친다.
- 능률이 오르지 않는 날에는 야근을 하지 않는다.
- 출신 학교에 대한 이야기는 삼가야 한다.
- 비즈니스 세계에서도 의리와 인정은 반드시 되돌아온다.
- 떳떳한 승부가 예의, 인위적인 양보는 수치다.
- 갑작스런 긴 통화는 예의 밖의 행동이다.
- 통화 중의 다른 전화는 또 다른 비즈니스의 찬스다.
- 팩스에 너무 의존하는 것은 스스로의 목을 조이는 것과 같다.
- 안 풀리는 계약도 인간 관계로 풀 수 있다.

- 전화로 자리에 없는 사람의 행선지를 묻는 것은 예의가 아니다.
- 전화로 "부탁 드리겠습니다"라고 말하지 않는다.
- 술은 못 마셔도 꽁무니를 빼지는 않는다.
- 자리 배치 매너는 손님 접대의 기본이다.
- 손님의 술잔은 절대 비우지 않는다.
- 과음하면 접대 역으로는 실격이다.
- 2차는 단골 가게로 가며, 전화 예약은 잊지 않는다.
- 접대 다음날 아침에 안부 전화를 한다.
- 약속 시간에 늦을 바에는 접대를 하지 않는 편이 낫다.
- 업무 관계의 관혼상제에 예의를 다한다.
- 외국인과 첫인사 정도는 현지어로 교환한다.
- 외국인과 상담 시에 더욱 당당히 말한다.
- 해외로부터의 전화, 이것만큼은 놓치지 마라.
- 비행기에 오르면 먼저 시계를 현지 시각으로 바꾼다.
- 복장은 장소에 어울리게 한다.

마케팅 불변의 법칙

-알리스와 잭 트라우트의 공저-

1. **선도자의 법칙**(The Law of Leadership)

   더 좋은 것보다는 맨 처음이 낫다.

2. **영역의 법칙**(The Law of the Category)

   어느 영역에 최초로 들어간 사람이 될 수 없다면 최초로 뛰어들 새로운 영역을 개척하라.

3. **기억의 법칙**(The Law of the Mind)

   시장에 먼저 들어가는 것보다 고객의 기억 속에 먼저 들어가는 게 더 중요하다.

4. **인식의 법칙**(The Law of Perception)

   마케팅은 제품이 아니라 인식의 싸움이다.

5. **집중의 법칙**(The Law of Focus)

   마케팅에 있어서 가장 강력한 개념은 잠재 고객의 기억 속에 한 단어를 심는 것이다.

6. **독점의 법**(The Law of Exclusity)

   두 회사가 같은 단어를 잠재 고객의 기억 속에 심을 수는 없다.

7. **사다리의 법칙**(The Law of the Ladder)

   기억 사다리의 어느 가로 대를 차지하느냐에 따라 채용해야 할 전략이 달라진다.

8. **이원성의 법칙**(The Law of Duality)

장기적으로 볼 때 모든 시장은 두 마리의 말만이 달리는 경주가 된다.

9. **정반대의 법** (The Law of the Opposite)

만약 당신이 2인자를 겨냥하고 있다면 당신의 전략은 선도자에 의해 결정된다.

10. **분할의 법칙**(The Law of Division)

시간이 지나면 하나의 영역이 분할되어 둘 또는 그 이상의 영역이 된다.

11. **원근의 법칙**(The Law of Perspective)

마케팅 효과는 상당히 긴 기간에 걸쳐 나타난다.

12. **계열 확장의 법칙**(The Law of Line Extension)

브랜드가 지니고 있는 이미지를 확대하려는 거역할 수 없는 압력이 존재한다.

13. **희생의 법칙** (The Law of Sacifice)

제품 계열의 희생, 목표 시장의 희생 등 얻기 위해서는 포기해야 한다.

14. **속성의 법칙** (The Law of Attributes)

어느 속성이든 반대되고 효과적인 속성이 있게 마련이다.

15. **솔직성의 법칙** (The Law of Candor)

스스로가 부정적이라는 것을 인정할 때 잠재 고객은 당신을 긍정적으로 여길 것이다.

16. **단독의 법칙**(The Law of Sigularity)

각각의 여건에서 오직 하나의 행동만이 실질적인 성과를 올린다.

17. **예측불능의 법칙**(The Law of Unpredictability)

경영자의 계획들을 작성해 보지 않으면, 미래를 예측할 수 없다.

18. **성공의 법칙**(The Law of Success)

성공은 종종 오만으로 이끌어 가고, 오만은 실패로 이끌어 간다.

19. **실패의 법칙**(The Law of Failure)

실패는 예상되고 받아들여져야 한다.

20. **과장의 법칙**(The Law of Hype)

상황이 언론에 나타나는 것과 정반대인 경우가 종종 있다.

21. **가속의 법칙**(The Law of Acceleration)

성공할 수 있는 계획은 일시적 유행이 아니라 추세를 바탕으로 세워진다.

22. **재원의 법칙**(The Law of Resources)

적절한 자금의 뒷받침이 없다면 아이디어가 살아 이룩할 수 없다.

타겟코스팅

타겟코스팅의 성격

타겟코스팅 전략은

- 시장가격으로부터 목표 원가를 도출하고자 하는 전략이다.
- 종전처럼 원가를 기준으로 판매가격을 설정하는, 한발 늦은 방식
  이 아니다.
- 최저원가로 제품을 생산하면서도 동시에 철저하게 고객의 요구를
  제품에 반영하는 가운데 가격 · 품질 · 사양 면에서 '팔릴 수 있는
  제품'을 출시하고자 하는 경쟁 전략이다.
- 생산 이전의 사전 설계 단계에서부터 미리 원가 절감 노력을 기울
  이기 시작하는 전향적이고도 과학적인 생존전략이다.
- 제품의 수명 주기 전체에 걸쳐 발생하는 총원가(고객입장에서 보면
  제품의 보유기간 전체에 걸쳐 발생하는 총비용)의 절감을 목표로 하는 진정
  한 생존 전략이다.
- 전방 단계의 공급업체 및 후방 단계의 판매업체나 서비스업체 등
  모든 가치사슬 구성원들을 진정한 동반자로 생각하면서 이들과
  함께 노력하고 번영하고자 하는 큰 안목의 생존 전략이다.

타겟코스팅의 여섯 가지 기본 원칙

타겟코스팅은 이익 계획 및 원가 관리를 위한 새로운 전략이다. 타겟
코스팅은 다음과 같은 여섯 가지 기본 원칙을 가지고 있다. 이 기본

원칙들은 전통적인 원가 관리와는 근본적으로 다른 신사고에 기초하고 있다.

① 시장가격으로부터 원가를 도출한다. 원가에 기초하여 판매가격을 설정하는 것이 아니다.
② 철저하게 고객에 초점을 맞춘다.
③ 무엇보다도 제품 및 공정에 관한 사전 설계를 중시한다.
④ 단일기능 팀이 아니라 범능적 팀으로 운영한다.
⑤ 제품의 수명주기 전체에 걸친 총원가의 절감에 초점을 맞춘다.
⑥ 원가 관리를 위해 기업 외부의 가치사슬 구성원들을 적극적으로 참여시킨다.

타겟코스팅 과정
타겟코스팅은 설정국면과 달성국면의 두 가지 핵심 과정으로 구성

■ 설정국면
제품 개발 주기의 제품 전략 수립단계 및 제품 콘셉트 개발단계에 부합되며, 이 국면의 끝에 이르러 목표 원가가 설정되는 단계

■ 달성국면
목표 원가를 달성할 수 있게 해 주는 현실성 있는 제품 설계안을 최종 확정하고 아울러 실제 생산에 착수하는 단계

타겟코스팅과 고객 정보

■ 고객정보에는 :

고객이 무엇을 원할 것인가? : 미래 예측 정보

고객이 실제로 선택했던 바는 무엇인가?: 피드백 정보

타겟코스팅의 지원 도구

■ 핵심 도구

① 가치공학(VE) 및 가치분석(VA)

② 품질기능전개(Quality function deployment, QFD)

③ 제조 및 조립을 감안한 설계(Design for manufacturing and assembly, DFMA)와 목표원가에 맞춘 설계(Design to cost, DTC)

④ 코스트테이블(Cost table)

⑤ 사양별 및 기능별 원가계산

⑥ 컴포넌트 원가분석

⑦ 공정별(작업별) 원가계산

⑧ 미래 수개년간 제품전략 및 이익계획

⑨ 벤치마킹(Benchmarking)

■ 기타 지원 도구

공급업자 등급평가, 공정검사, 수율분석, CAD/CAM, 파레토분석 활동기준원가관리(ABM), Make or buy의사결정, 순현가분석(NPV) 등

가치공학(VE)의 예시

가치공학은 전형적으로 다음 4단계에 걸쳐 수행된다.

① 기능 대비 사양 분석 : 가치지수 및 가치지수 챠트

② 창조적 사고 : 브레인스토밍

③ 아이디어 분석: 아이디어의 선정

④ 재설계 : 제품이나 공정의 설계 안에 구체적으로 반영

타겟코스팅 관련 용어 해설(Glossary)

가치공학(Value engineering)

제품사양, 성능, 신뢰성, 유용성 및 재활용성의 희생 없이 더 낮은 원가로 제품을 공급할 수 있는지를 판단하기 위해 제품의 기능을 평가하는 체계적 방법. 일반적으로, 생산 착수 이전에 가치 개선 및 원가 절감을 위해 동원되는 방법을 지칭한다.

가치공학은 제너럴 일액트릭(GE)이 최초로 시도했던 생산 효율성 제고 기법이다. 제2차대전 중에 전쟁물자 생산에 필요한 부품들이 부족해지자, 제너럴 일렉트릭은 적은 부품으로도 좀 더 많은 물자를 생산할 방법이 없겠는지를 탐구하게 되었으며, 이 과정에서 가치공학이 등장하게 되었다. 전쟁 후에 가치공학은 제품이 갖추어야 할 다양한 특성들을 어떻게 최소한의 원가로 생산할 것인가를 연구하는 방향으로 발전하였다.

가치분석(Value analysis)

기능적 가치나 품질의 희생 없이 문제를 해결하고 원가를 절감하는

데 사용되는 제반 분석. 일반적으로, 생산 착수 이후에 가치 개선을 위해 동원되는 방법들을 지칭한다.

고객가치(Customer value)

간략히 고객이 얻은것에서 희생한 것을 뺀 것. 고객이 얻은 것이란 제품사양, 신뢰성, 유용성, 안전성, 의존성 및 서비스 등과 같이 고객이 받은 혜택을 말하고, 반면에 희생한 것이란 제품을 위해 고객이 지불한 금액, 시간, 취득 및 이용 방법의 학습이나 제품의 유지 및 처분 등에 소요되는 노력을 말한다.

목표원가(Target Cost)

기업이 필요로 하는 필수 이익을 얻게 해 주면서 동시에 시장에서의 가격 경쟁력을 갖게 해주는 수준의 원가 허용액. 목표원가는 고객의 요구 조건과 경쟁자의 시장가격을 토대로 설정된다. 따라서 이의 동적(動的) 표현인 타겟코스팅이란 시장지향적 원가계산시스템을 말한다. 목표원가는 제품 및 공정의 사전 설계 작업을 철저하게 수행하고, 아울러 생산 착수 이후에는 조직 내 모든 관련 부서들이 지속적으로 개선하고자 하는 노력을 기울일 때 달성된다.

목표원가에 맞춘 설계(Design to cost, DTC)

설정된 원가목표를 달성할 수 있게 해 주는 설계. 타겟코스팅에서는 제품설계 및 공정설계 과정에서 개선안이 나올 때마다 당해 개선안에 의한 제품원가를 계속 새로 추정하는데, 목표원가에 맞춘 설계란 새로 추정된 원가가 기업이 초기에 설정해 둔 바 있는 목표원가 수준에 부합하는지 여부를 매번 확인한다. 타겟코스팅에서는 목표원가에 도달할 때까지 계속 설계를 개선하는 일을 한다.

순환원가(Recurring cost)
제품의 생산, 유통 및 서비스와 관련하여 반복적으로 발생하는 모든 원가를 말한다.

전략(Strategy)
경쟁자와는 다른 차별적 위상을 정립하기 위해 사용하는 제반 방법들. 즉 전략이란 기업이 목적 달성을 위해 채택하는 가장 기본적인 경영 방침을 말한다. 기업은 보통 품질, 원가, 타이밍 등의 차원에서 다른 조직들과 차별화를 꾀하는 전략을 추구한다.

제조 및 조립을 감안한 설계(Design for manufacturing and assembly, DFMA)
자재, 기술, 조립 공정, 기능성 및 경제성 간에 존재하는 수많은 관계들을 모두 최적화 시키기 위해 이들을 동시적으로 설계하는 프로세스. 여기서는 부품의 제조 및 조립 또는 부품을 쉽게 제거할 수 있는 방법을 찾는 것이 목적이다.

코스트테이블(Cost table)
여러 가지 생산변수에 기초한 상세한 원가정보의 데이터베이스. 코스트테이블은 상이한 투입자원, 제조방법, 기능, 제품설계 및 재료의 이용이 제품원가에 미치는 영향을 쉽게 파악할 수 있게 해 준다.

파레토 분석(Pareto analysis)

중요한 요인의 식별 및 해석에 독립변수 집단의 20%가 결과의 80%를 유발(또는 설명)한다는 파레토 규칙(Pareto's rule)을 이용한 분석이다.

품질기능전개(Quality function deployment, QFD)

여러 종류의 다양한 정보를 일목요연하게 체계적으로 배열하는 방법의 하나. 품질기능전개는 제품개발 및 생산의 각 단계에서 얻은 정보, 고객 요구 사항에 관한 정보, 이들을 기술적 설계 특성으로 전환하는 데 필요한 정보 등을 매트릭스 형태로 구조화하는 방법이다.

허용가능 원가(Allowable Cost)

목표원가의 초기 수정치. 목표원가는 경쟁시장가격에서 필수이익을 차감하여 구하며, 제품을 위해 투입할 수 있는 최대 금액을 말한다.

현행원가(Current cost)

현행기술이나 현행제조방법에 전혀 개선이 없는 상태에서 신제품 혹은 개량 제품을 생산할 경우에 소요될 것으로 예상되는 원가. '초기원가추정치'라고도 부르며, 반복적인 설계 개선에 의해 점차 목표원가 수준으로 접근해 갈 것이라는 의미에서 '표류원가(Drifting cost)'라고 부르기도 한다.

확장기업(Extended enterprise)

자사는 물론 고객, 공급업자, 판매업자, 재활용업자를 포함하는 넓은 의미의 조직 네트워크. 확장기업을 구성하는 개별 조직 간에는 상호의존성이 존재한다.

활동기준관리(Activity based management, ABM)

활동의 관리에 활동원가 자료를 이용하는 것. ABM의 목적은 각 활동이 진정 고객에 대해 가치적인지 아닌지 그리고 활동들이 어느 정도 고객가치 극대화를 수행할 수 있는지를 분석하는 데 있다.

활동기준원가계산(Activity based costing, ABC)

활동을 기본적인 원가 집계 대상으로 삼는 원가계산의 한 방법. ABC는 활동의 사용 정도를 토대로 활동원가를 할당함으로써 활동에 대한 원가 및 성과를 측정하고, 제품이나 고객과 같은 최종 원가 대상들의 원가를 계산하는 것이다.

21세기 핵심 기술

- IT : Information Technology / 정보통신 분야
- BT : Biology Technology / 생명공학 분야
- NT : Nano Technology / 초정밀원자 세계 분야
- ST : Space Technology / 우주항공 분야
- ET : Environment Technology / 환경 공학 분야
- CT : Culture Technology / 문화, 관광, 콘텐츠 분야

- IT(정보 기술)

  IT기술은 정보를 생성, 도출, 가공, 전송, 저장의 모든 유통과정에서 필요한 기술을 말한다. 현재 우리나라의 IT기술 수준은 SRAM, TFT-LCD, CDMA 등 국가 연구 개발 사업을 통한 첨단 분야에서 세계 최고의 국제 경쟁력을 갖춘 기술을 다수 확보하고 있다.

- BT(생명공학 기술)

  BT기술은 생명 현상을 일으키는 생체나 생체유래물질 또는 생물학적 시스템을 이용하여 산업적으로 유용한 제품을 제조하거나 공정을 개선하기 위한 기술이다. 현대 사회가 급속도로 발전되면서 BT기술은 무병장수와 식량 문제의 해결 등 삶의 질 향상에 필수적인 기술로 21세기에 고부가가치의 새로운 산업을 창출할 가능성이 높다.

■ NT(나노 기술)

NT기술은 물질을 원자 · 분자 크기의 수준(10~9mm)에서 조작 · 분석하고 이를 제어할 수 있는 과학과 기술을 총칭하는 말이다. NT기술은 과학 기술의 새로운 영역을 창출하거나 기존 제품의 고성능화에 필요한 기술로, IT와 BT와 함께 21세기의 신 산업 혁명을 주도할 핵심 기술로 인정받고 있다.

■ ST(우주항공 기술)

ST기술은 위성체, 발사체, 항공기 등의 개발과 관련된 복합 기술이다. 전자, 반도체, 컴퓨터, 소재 등 관련 첨단 기술을 요소로 하는 시스템 기술로 기술 개발 결과가 타 분야에 미치는 파급 효과가 매우 큰 종합 기술로 인정받고 있다.

■ ET(환경 기술)

ET기술은 환경오염을 저감 · 예방 · 복원하는 기술로, 환경 기술, 청정 기술, 에너지 기술 및 해양 환경 기술을 포함한다. 과학 문명이 고도로 발전하고 있는 현대 사회에서 인류는 쾌적한 삶에 대한 욕구가 증대하고 있다.

■ CT(문화 기술)

CT기술은 디지털 미디어에 기반한 첨단 문화예술 산업을 발전시키기 위한 기술을 총칭하는 말이다. 최근에는 인터넷의 활성화와 디지털 기술의 발전으로 디지털 콘텐츠의 수요가 급증하고 있다.

손자병법 36계

승전계(勝戰計)

- 제1계 만천과해(瞞天過海) : 하늘을 가리고 바다를 건넌다.

  은밀히 내일을 도모한다.

- 제2계 위위구조(圍魏救趙) : 위나라를 포위하여 조나라를 구하다.

  우회 공격으로 승부한다.

- 제3계 차도살인(借刀殺人) : 남의 칼로 사람을 해치다.

  직접 나서지 않고 일을 도모한다.

- 제4계 이일대로(以逸待勞) : 쉬다가 피로에 지친 적과 싸운다.

  서두르지 않고 때를 기다린다.

- 제5계 진화타겁(趁火打劫) : 불 속으로 뛰어들어 약탈하라.

  적이 일부러 약점 보일 때를 조심하라.

- 제6계 성동격서(聲東擊西) : 동쪽에서 소리 지르고 서쪽으로 공격한다.

  상대방 주의를 유도한다.

적전계(敵戰計)

- 제7계 무중생유(無中生有) : 있는 것처럼 보여라.

  없어도 있는 것처럼.

- 제8계 암도진창(暗渡陳倉) : 진흙 길은 누구나 싫어한다.

  남이 싫어하는 길을 택하여 은밀히 행동하라.

- 제9계 견안관화(隔岸觀火) : 적의 내분 발생은 강 건너 불 보듯 한다.

때를 기다려 공격하라.

- 제10계 소리장도(笑裏藏刀) : 칼을 품고 있지만 웃어 보이라.
  비장의 무기는 웃음으로 감추어라.

- 제11계 이대도강(李代桃畺) : 오얏나무가 복숭아를 대신해 죽다.
  살을 주고 뼈를 자르라.

- 제12계 순수견양(順手牽羊) : 기회를 틈 타 양을 슬쩍 끌고 간다.
  작은 허점도 적절히 이용한다.

공전계(攻戰計)

- 제13계 타초경사(打草驚蛇) : 풀을 헤쳐 뱀을 놀라게 한다.
  상대방 본심을 타진한다.

- 제14계 차시환혼(借尸還魂) : 죽은 영혼이 다른 시체를 빌려 부활하다.
  무모한 모험은 피하라.

- 제15계 조호리산(調虎離山) : 호랑이를 달래어 산을 떠나게 하라.
  어려운 상대는 끌어 내라.

- 제16계 욕금고종(欲擒故縱) : 큰 이득을 위해 작은 것은 과감하게
  내어준다.
  퇴로를 조금 터준 후 추격으로 반격 투지를 약화시켜 섬멸한다.

- 제17계 포전인옥(抛轉引玉) : 돌을 던져서 구슬을 얻는다.
  작은 미끼로 큰 이득을 도모한다.

- 제18계 금적금왕(擒賊擒王) : 적을 잡으려면 우두머리부터 잡는다.
  적군을 일망타진하려면 임금을 붙잡으면 된다.

혼전계(混戰計)

- 제19계 부저추신(釜低抽薪) : 가마솥 밑에서 장작을 꺼낸다.
  힘으로 안 되면 상대방 김을 빼라.
- 제20계 혼수모어(混水摸魚) : 물을 흐려 놓고 고기를 잡는다.
  혼란을 일으켜 결정타를 날린다.
- 제21계 금선탈각(金蟬脫殼) : 매미 허물 벗듯 위기 모면.
  진영은 그대로 두고 주력을 딴 곳으로 한다.
- 제22계 관문착적(關門捉賊) : 문을 잠그고 도적을 잡는다.
  약한 적은 포위하여 섬멸한다.
- 제23계 원교근공(遠交近攻) : 먼 나라와 사귀고 이웃나라를 공격한다.
  가까운 적부터 상대하여 섬멸하라.
- 제24계 가도벌괵(假途伐虢) : 기회를 빌미로 세력을 확장시킨다.
  약한 상대는 명분만으로 취득한다.

병전계(幷戰計)

- 제25계 투량환주(偸梁換柱) : 대들보를 훔치고 기둥을 빼낸다.
  공격 목표를 상황에 따라 조절한다.
- 제26계 지상매괴(指桑罵槐) : 뽕나무를 가리키며 홰나무를 욕한다.
  우회적 방법으로 겁을 준다.
- 제27계 가치부전(假痴不癲) : 어리석은 척 하되 미친 척 하지 마라.
  역경 속에서는 암암리에 계획한다.
- 제28계 상옥추제(上屋抽梯) : 지붕으로 유인한 뒤 사다리를 치운다.
  적을 유인하여 막다른 골목에서 공격한다.

- 제29계 수상개화(樹上開花) : 나무에 꽃을 피게 한다.
  위장이나 허풍도 전술이다.
- 제30계 반객위주(反客爲主) : 주객을 전도시켜라
  틈 생기면 우선 발을 넣고 점차 영역을 장악해 나간다

패전계(敗戰計)

- 제31계 미인계(美人計) : 미녀를 이용하여 적을 대한다.
  미끼를 던져라.
- 제32계 공성계(空城計) : 빈 성으로 위장해 적을 의혹에 빠뜨린다.
  아군이 열세일 때 방어하지 않는 것처럼 꾸며 적을 혼란에 빠뜨린다.
- 제33계 반간계(反間計) : 적의 첩자를 역 이용한다.
  허위 정보 유출하여 적에게 거짓 정보를 흘린다.
- 제34계 고육계(苦肉計) : 자신을 희생해 적을 안심시킨다.
  죽는 것보다 팔 하나 없는 게 낫다.
- 제35계 연환계(連環計) : 상대를 몇 수 앞서 얽어 놓고 쳐라.
  내분을 유도하여 전투력을 감소시킨 후 공격하라.
- 제36계 주위상(走爲上) : 때로는 전략상 후퇴도 필요하다.
  죽으면 승리도 패배도 없는 것이다.

판단력을 키우는 원칙

■ 보면 내기 걸고, 보면 내기 걸고…….
  자신의 안목을 양성하기 위해서 이보다 더 좋은 방법은 없다.

■ 무엇이나 모방하는 것만이 능사가 아니다.
  히트 메이커는 다른 사람을 흉내 낸다고 했지만, 그것은 99%의 사람이 모르는 가운데 진행해야 하다.

■ 자아나 프라이드만 가지고 무엇이 될까?
  히트메이커들은 많은 실패를 하고 좌절하며 내 아이디어는 팔리지 않는다는 사실을 경험하고 있다.

■ 왜 독창적인데 팔리지 않을까?
  나를 버리고 욕심 없이 사물을 보면 무엇이 팔릴 수 있을까 하는 것을 볼 수 있으며, 이를 통해 판단력이 폭발적으로 길러진다.

■ 히트 상품개발은 느낌이 80%, 과학은 20%
  진리 중 하나가 히트메이커는 비지식형 인간이라는 것이다.

■ 적어도 세 시간의 관찰(Watching)이 필요하다
  히트 상품을 이해 못하면 히트 상품을 만들 수 없으므로 자신이 직

접 보고 느끼고 이해하도록 노력하라는 뜻이다.

■ 실패에 대해 정당화(변명)하면 보는 눈이 어두워진다
실패를 하고 순순히 실패라고 인정하면, 겸허하게 반성하고 분석하는 버릇이 길러진다.

■ 꼭 팔리는 기획은 가능한가?
기획자에게 가장 필요한 것은 히트 상품을 만들 수 있다는 의식을 확고히 하는 것이다.

GE의 리더십

치열한 경쟁시대에서 승자가 되기 위해서는 변화의 주도자가 되어야 되고, 다음 8가지 Value 항목들의 모델이 되어야 된다.

1. 비전 창출 및 제시 능력
· 간단하고 명료한 고객 지향적인 비전을 창출하라.
· 조직이 나아가야 할 객관적이고 명료한 방향을 제시하라.
· 비전과 부합하는 도전 목표를 정확히 설정하라.
· 목표를 달성할 수 있도록 긍정적으로 부하를 독려하라.

2. 담당 업무에 대한 열정과 책임
· 도전적인 목표를 설정하고, 달성하려 노력하라.
· 성공 및 실패에 대한 책임을 두려워하지 말라.
· 조직과 개인을 위한 목표를 끊임없이 찾으려 노력하라.

3. 업무 추진력 및 효율적인 처리 능력
· 목표 달성을 위해 열정을 갖고 실행하라.
· 포착된 기회를 선점하려고 노력하라.
· 고객, 협력업체, 부하사원 및 경영층의 요구에 신속히 대응하라.
· 촉박한 일정과 불확실한 정보 하에서도 적절한 의사결정을 내려라.

4. 국제화 수준

· 다국적인으로 구성된 글로벌 팀 구성에 대해서 자신감을 가져라.

· 국제화 감각을 키우기 위해 노력하라.

· 진실, 존엄 및 존경심을 갖고 모든 사람을 대하라.

· 국제화나 팀워크가 배가될 수 있도록 선행적으로 노력하라.

5. 혁신적인 변화 창조 능력

· 능동적으로 스스로의 변화 요소를 개척하고 시도하라.

· 변화를 회피하지 말고 도전적으로 변화의 기회를 포착하라.

· 근무 환경을 지속적으로 개선하기 위한 방법을 강구하라.

· 업무 능력 향상을 위한 방법을 항상 찾고자 노력하라.

6. 타인 및 조직과의 조화 능력

· 사내 · 외 관련 인물들과 효율적으로 조화하라.

· 시대에 뒤떨어지지 않는 적절한 의사소통 방법을 사용하라.

· 최고경영층이 요구하는 목표를 향해 경진하라.

· 모든 사람의 아이디어를 경청하라.

· 다른 사람들과 발생하는 분쟁 요소를 잘 해결하라.

7. 정직, 성실성 및 완벽성

· 언행을 일치시키고, 초지일관 성실하게 행동하라.

· 모든 사람들이 협력할 수 있는 분위기를 창출하라.

· 정직과 진실에 바탕을 둔 신뢰를 얻도록 노력하라.

8. 부하 사원 육성 능력

· 핵심 인력을 필요한 시기에 확보하고자 노력하라.

· 능력에 맞는 적절한 업무 분장 및 육성을 위해 노력하라.

· 부하사원에게 정직하게 평가 및 경력 관리에 대해 피드백 하라.

· 개인이나 조직의 성과를 인정하고 치하하라.

· Risk-taking 과제 수행을 할 수 있도록 독려하라.

· 장점과 단점을 정확히 파악하고, 실패로부터 얻은 교훈을 토대로
  더욱더 발전하기 위해 긍정적으로 일할 수 있도록 독려하라.

일본 기업의 불황 극복 사례

3K를 통한 경비 절감

교통비, 교제비, 광고비 : 산업계 전체 20조 엔 규모

- 伊藤忠 : 출장 기간 중 휴일 포함 배제하여 일당 절감
- 도요타 : 화상회의로 국내 출장 억제(동경-나고야 간), 형광등별 스위치 설치로 전기료 절감, 1매 베스트 철저, 페이퍼리스화
- 日産 : 자마공장 폐쇄, 큐우슈우 신공장 가동 집중
- 松田 : 0.5단위로 작업 세분화하여 비데오 분석, 사보 휴간
- 本田 : '접대비 제로'운동, 신차 발표회는 교외에서 광고비 절감
- 스즈끼 : 설비에 구멍을 뚫어 장비를 가볍게 하여 사용 전기료 절감
- NIKON : 카메라 회사가 사보를 흑백화, 채광문 설치로 복도 소등
- 와코루 : 회사 상징인 '모터 스포츠 자동차 경기'까지 참가 중지
- 아스키 : 임대 사무실 줄이기(22개소 → 17개소)
- 증권사 : 본사 인력 지점 발령 현장 배치, 영업 활동의 '고정비'화
- OMRON : 이익의 '사회봉사 제도' 활동의 재조정
- 도시바 :
  ▶사무관리비 : 부서별 복사카드 사용 과장 책상에 배치 관리, 문서 폐기시 서류는 폐기·파일은 재사용, 명함 재생지와 개인용 머그컵 사용으로 일회용 컵 사용 자제
  ▶전화통신비 : 근무 중 일체의 사적 통화 금지(공중전화 설치), 시내전화는 과장, 국제전화는 부장 승인 후 사용

▶ 여비교통비 : 출장 시 숙박은 가능한 금지(일찍 출발 당일 중 귀가), 회사 차량은 메뉴얼식으로 교체하여 연비 절감

▶ 수도전기료 : 사무실 점등스위치를 형광등마다 설치, 공조는 근무시간만 가동

▶ 교제회의비 : 접대는 점심식사로 대체하며 주요인사는 선물로 대체, 일체의 회의 시 음료수 제공은 없으며 자판기 이용

▶ 복리후생비 : 작업복 · 작업화 · 모자는 각자 부담으로 구입, 경조사 발생시 지원금, 창립기념일 선물 등을 일체 없앰

경영 효율화

손실을 감수하더라도 경영자원 효율화에 최우선

- 日商岩井 : 부실자산 매각처분
- 三井物産 : 조기 퇴직제도 확대, 주식 매각처분
- 伊藤忠 : 3개 자회사 청산, 경비절감 목표 설정
- 샤프 : 주력사업인 LCD투자 연기

인사 및 조직 효율화

성역 없는 기업의 효율화 풍토

- 도요타 : 아르바이트 감원
- 닛산 : 3년 내 4천 명
- 히다찌 : 2년 대 3천 명, 사내 전배
- 산요 : 3년 내 2천 명 감원
- TDK : 자택대기제도 시행(50세 이상, 전 사원의 11%)

- 松下 : 3년 내 2천 명 인원삭감
- 住友, 三菱, 伊藤忠 : 임원 봉급의 10~20% 삭감

각사별 명확한 비전을 가진 중기경영계획 재조정
- 제로베이스, 원점에서 지속적으로 추진하는 코스트 의식
- 사업의 기본에 충실하고, 일체의 거품을 없애는 경영체질
- 개인, 사업부, 회사의 단위 경쟁력 확보를 위한 비전, 전략을 제시

사례를 통한 시사점
- 난세에는 '영웅 CEO'가 필요하다.
- 장기적으로는 창의를 바탕으로 하는 소프트 분야로 사업구조 전환
- 전략적 제휴를 통한 리스크 최소화
- 본격적인 원가절감 실시
- 시장원리에 입각한 내부 경쟁력 확보
  불합리한 사업부 간·계열사 간의 '서로 도와 주기식' 내부거래를
  지양하여 원가를 절감하고 내부의 경쟁력을 동시에 제고한다.
- 불황기에 호황기를 대비하는 최소한의 교두보 확보
- 기업 본연의 활동에 관련된 원가 절감은 지양
- 다운사이징의 부작용에 대한 주의 환기

삼성헌법 관련 회장 어록 발췌

■ 옛날에는 밥 한 톨 떨어뜨려도 야단 맞았는데, 요새는 부품을 흘리고 다니고, 무책임하고, 도덕성이 없고, 후배 아낄 줄 모르는 집단, 선배를 모르는 집단, 물건을 아낄 줄 모르는 집단이 삼성이다.

■ 생산 현장에 지침서 없고, 무한 탐구실은 열쇠 잠가 놓고, 기술자 자존심으로 외국인 고문 배척하고, 도덕성도 없는 집단이 삼성이다.

■ 너무나 쉬운 것, 간단한 것이 안 되는 게 삼성이다. 똑똑하고 2등 가라 하면 서러워하는 우수한 집단이나, 한 방향으로 안 가니 안 된다. 제대로 진심으로 해야 한다. 빨리 갈 것도 없다. 정확하게 제대로 가면 된다.

■ 삼성은 70~80% 이상이 인간성, 애사심, 능력 등 모두가 일류이다. 어떤 사회이든지 20%만 되면 일류가 될 수 있는데 왜 70~80% 일류 인재 가지고 안 되나? 개인 이기주의, 집단 이기주의, 상호 불신으로, 정신이 완전히 썩었다. 남을 해치는 것도 아니고 자기를 위하는 것도 아닌 것이 바로 이기주의다.

■ 우리나라는 단일 민족으로 종교 배경 비슷하고, 유교 사상을 가지고 있으며, 법보다 도덕을 중시하는 민족이지만 과거 획일주의 문

화가 이러한 우수한 민족성을 눌러 왔다. 남을 해칠 필요도, 방해할 필요도 없고 머리만 잘 쓰면 얼마든지 발전할 수 있다. 이기심이 걸림돌이 되고 있다. 규제와 집단 이기주의는 우리가 우리를 속박하는 어리석은 짓이다. 이기주의의 악순환을 선순환시키지 못해 모두 손해를 보고 있다.

■ 획일주의 싹쓸이 문화로는 절대 안 된다. 군사주의의 획일성, 머리보다 계급장이 더 중요한 문화, 이것이 비도덕성을 낳게 했다. 방향은 정신 혁신, 자율 혁신이다. 이것은 '절대'이다. 정신 개혁이 간단하다고 생각하는데 나는 정반대로 생각한다. 뛸 사람 뛰고, 걸을 사람 걷고, 앉아 있을 사람 앉아 있어라. 단, 뒷다리만 잡지 말고 손가락질만 하지 말라. 한 방향으로 가면 된다. 웬만한 조직은 5~10%가 끌고 간다. 나는 나쁜 쪽 5%만 짚어 낸다. 좋은 쪽 5%는 밀어 준다.

■ 혁명보다 더 강하게, 그러나 혁명 이전에 인간적 신뢰가 제일 중요하다. 신임하지 않고도 혁명, 쿠데타는 된다. 그러나 마음이 바뀌지 않으면 또 돌아온다. 전 세계 인류 역사상 혁명이 성공한 예가 없다. 자율적으로 해야 한다.

■ 삼성헌법은 절대 경쟁력, 정신, 민족성은 소프트다. (하드적 경쟁력은 도로, 공항, 항만 등 인프라). 유태인은 2000년 동안 나라 잃고도 국가 세웠다. 민족 정신, 단결력이 있었기 때문이다. 국제화 ·

복합화보다도 더 급하고 중요한 것이 바로 인간미, 도덕성의 회복이다.

- 모든 것은 근원을 찾아서 해야 한다. 인간의 본질, 인간이 동물과 다른 것이 무엇인가? 기초부터 찾아 기본원칙, 규칙을 구체적으로 정하라.

- 골프는 규칙과 에티켓, 인간미, 도덕성을 가르쳐 주는 운동이다. 규칙과 에티켓 시험을 치도록 하자.

- 반도체가 뭘 잘하는가? 보통 사람들이 성실하게 규칙을 지키면서 조그만 국가관, 조그만 회사관, 조그만 양심만 가지고 움직이면 된다. 도덕성 바탕 위에서 인간미 있는 직장 분위기에서 개인 이기주의, 부서 이기주의를 없애 보라. 이것은 우리 힘으로 할 수 있을 것이다.

- '기초 및 기본'을 너무 중시하지 않고 있다. 각자가 質경영이 무엇인지, 친절 서비스가 무엇인지 깊이 분석해 보도록 해야 한다.
- 기본 정신, 인간미, 도덕성을 먼저 교육하고 그 다음이 업의 개념, 그 다음이 이익이다.

- 향후 개방화, 국제화가 되면 법이 특별히 중요시 될 것이며, 이에 따라 법 지식을 제대로 알아야 한다. 경우에 따라 실수 및 사고는

있기 마련이다. 실수만 가지고 나무란 적은 없으니 제발 실수 등을 덮어두지 않도록 하라.

■ 파렴치한 짓, 도덕에 어긋나는 짓, 사람을 죽여가면서 돈을 버는 것은 기업경영이 아니며 야만적 행동이다. 차라리 공장 문을 닫아야 한다.

■ 어떻게 하지 말라고 사정을 해도 안 되는가? 회장으로서 어떻게 해야 이 그룹이 한 방향으로 갈 것인가? 최고경영자는 눈에 안 보이는 책임이 훨씬 더 많음을 잘 인지하기 바란다. 국민, 국가는 이제 대기업을 하나의 장사꾼이나 일개 기업으로 보지 않는다. 안 되는 회사는 제발 구태 의연한 생각에서 탈피해야 한다. 과감한 결단이 필요하다. 어정쩡한 상태로는 안 된다.